Die Jahre 1971–1972: Wegen Warenannahme geschlossen

Sternstunden des DDR-Humors

1971–1972

Wegen Warenannahme geschlossen

Eulenspiegel

Inhalt

Manfred Schubert: Schweigen bringt Gold

Schweigen bringt Gold

Die Politiker brauchten Zeit, um zu lernen, wie man der Satire am besten beikommen kann. Indem man sie nicht zur Kenntnis nimmt. In der DDR war man noch nicht so weit. Da gab es die Selbstkritik, die helfende Kritik, beide selten ehrlich, aber sehr beliebt. Es gab auch die Satire, doch da war Vorsicht geboten. Im Kreise Gleichgesinnter konnte man herzhaft lachen, aber gehörte so etwas in die Öffentlichkeit?

Die Spitzen des Fernsehens in Adlershof formulierten ihr Credo: Wir weisen den Klassenfeind nicht auf unsere Fehler und Schwächen hin. Wenn einer über ein Schild »Wegen Warenannahme geschlossen« fabulierte, dann mochte das gerade noch angehen; um die Kabaretts machte man einen Bogen. Wer ins Fernsehen kam, das entschieden auch in der DDR Beziehungen und Sympathien. Aber hier ging es um ein Staatsgeheimnis, und die Hüter des Grals saßen in Adlershof.

Einmal gab es grünes Licht. Nach langem Hin und Her wurde ein zweistündiges Programm der Herkuleskeule aufgezeichnet, mit Zugeständnissen von beiden Seiten. Zur Sendung kamen 30 Minuten an einem Faschingsdienstag, 23.30 Uhr. Als Folge solcher Erfahrungen hatten wir in einem Programm, das als Versammlung gespielt wurde, ein Transparent aufgehängt: Es lebe die unverbrüchliche Feindschaft zwischen Kabaretts und dem Fernsehen. Aus den Kabaretts kam nichts in die Archive des Fernsehens.

Wir haben uns gewendet. Jeder kann schreiben, was er will, und mit Staunen lesen und hören wir, wie wir gelebt haben. Es muß doch etwas dran gewesen sein, daß man sagte: Die Kabaretts erzählen mehr vom Leben in der DDR als die Zeitungen in Ost und West. Schade, daß nichts bewahrt wurde! – Nichts stimmt nicht, zum Glück! Es gibt verdienstvolle Publikationen wie diese Anthologie, Rückspiegel, in die man mit Vergnügen schauen kann.

Manfred Schubert

1. Kapitel

Wegen Warenannahme geschlossen

1971 findet der **VIII. Parteitag** statt. Es ist das Jahr des Machtwechsels. Walter Ulbricht erklärt einen Monat vor dem Parteitag seinen Rücktritt aus Altersgründen; Erich Honecker wird sein Nachfolger. Der neue Generalsekretär verschreibt sich im Zeichen der **Einheit von Wirtschafts- und Sozialpolitik** ganz der weiteren Verbesserung der Lebensverhältnisse: es gibt zahlreiche familien- und sozial-politische Maßnahmen, ein Wohnungsbauprogramm, Preis-senkungen. **Gut gekauft, gern gekauft** – hieß es, doch es waren nicht nur fehlende oder nicht ausreichend vor-handene Waren, die das Einkaufsvergnügen trübten. Der sozialistischen Verkaufs- und Dienstleistungskultur war der **König Kunde** weitgehend unbekannt. Verkäuferinnen buhlten nicht um seine Gunst, warum auch, was vorhanden war, verkaufte sich eh; Handwerker gewährten gnädig Termine, wußten sie doch, daß ihre Leistungen an anderer Stelle nicht zu bekommen waren; Kellner verteidigten hoheitsvoll ihr Revier mit den nie ausreichenden, aber stets reservierten Plätzen. Und alle standen im sozialistischen Wettbewerb: »Ich verpflichte mich, den Kunden zu bedie-nen« – und »Vorwärts zu neuen Taten«.

Irmgard Abe

Und der nächste folgt sogleich

Mit dieser Geschichte will ich auf keinen Fall unserem Kreiskonsum zu nahe treten, denn der ist wundervoll. Noch vor Jahren, als wir ihn baten, bei uns in Hohen-Schranzleben eine Modenschau zu machen, sagte der Kreiskonsum: Wir hören

wohl schlecht? Aufs Dorf? Mit unseren hervorragenden Modellen? Sie verdrecken und zerreißen lassen? Kommt nicht in die Tüte! Auch dann nicht, wenn ihr die Modelle selber abholen, selber aufbügeln, selber vorführen, für jeden Schaden haften und die Hälfte der Kollektion verkaufen wollt. Auch dann nicht!

Inzwischen kommt der Kreiskonsum auf eigenen Wunsch und eigne Rechnung zu uns, führt flotte Hüte und atemberaubende Ballkleider vor, bedankt sich obendrein für die Ehre und bittet, wiederkommen zu dürfen. Wahrscheinlich, weil wir uns sehr zusammengenommen, keine Schmalzstullen auf die schwarzen Kostüme geschleudert und keine Ärmel aus den Morgenröcken gefetzt haben.

Unser Kreiskonsum also ist wundervoll. Kein Grund, ihm zu nahe zu treten. Im Gegenteil! Mit dieser Geschichte will ich beweisen, daß es immer und überall Menschen gibt, denen auch der wundervollste Kreiskonsum nichts recht machen kann.

»Statt dasse hier bloß rumstehn, könnse auch bißchen Kundendienst machen!«

Zum Beispiel in unserem Nachbardorf, in Nieder-Schranzleben an der Schranze. Die hatten da vor Jahren eine Konsum-Kneipe, wo die Stühle immer auf Wanderschaft waren, weil sie einem vor Dreck am Hintern kleben blieben. Außerdem wars in diesem wirtlichen Hause gleichbleibend dunkel, so daß man nie recht wußte, ob noch Arbeits- oder schon Schlafenszeit war. Zuerst blieben die Frauen weg, später – da nun die Dunkelheit umsonst war – auch die Männer. Der Wirt soff noch ein Weilchen auf Konsum-Rechnung, dann legte er den Schlüssel unter den Abtreter und fuhr zur Hölle.

Als er zum Schornstein raus war, schickte der Kreiskonsum einen neuen Wirt, einen ausgezeichneten Mann, der den ungeheuren Vorteil hatte, daß er von Beruf Maler war.

In diesem finstern Loch, sagte der Maler, ist sowieso kein Geschäft zu machen ... also sehn wir uns anderweitig nach Talern um: Wo sind Fenster zu streichen, wo Küchen zu pinseln, wo Stuben zu tapezieren? Er arbeitete geschickt und sauber und war fleißig. Er öffnete sogar täglich für eine Stunde die Kneipe, um neue Aufträge entgegenzunehmen und alte abzurechnen. Trotzdem fanden sich Unzufriedene, die seine Ablösung forderten.

So schickte der Kreiskonsum einen neuen Wirt, einen ausgezeichneten Mann, der den ungeheuren Vorteil hatte, daß er von Beruf Dirigent war. Mit dem Dirigenten begann eine fröhliche Zeit, die hohe Zeit der Nieder-Schranzlebener Musiktage. »Mittwochs und sonnabends Tanz, Getränke bitte mitzubringen«, denn der Wirt hatte kein Bedürfnis, den Bierhahn zu schwenken, der Wirt schwenkte den Taktstock. Er dirigierte. Von abends acht bis Mitternacht dirigierte er unermüdlich alle Kapellen, die für zwanzig Mark pro Mann und Abend verpflichtet werden konnten. Die Tage der Musik nahmen ein jähes Ende. als der Wirt im Überschwang seiner Dirigierleidenschaft zu einer stark befahrenen Straßenkreuzung eilte und dort den Verkehr dirigierte.

Nach angemessener Trauerzeit schickte der Kreiskonsum einen neuen Wirt, einen ausgezeichneten Mann, der den ungeheuren Vorteil hatte, daß er eine Frau war und von Beruf Krankenschwester ...

Äußerlichkeiten, wie Namen, interessierten sie nicht. Sie kannte ihre Gäste mehr inwendig: eine Knacker für die Bandscheibe, ein Helles für die Gallensteine, eine warme Milch für das Magengeschwür. Und wenn der Kreislauf, also Hübner-Willi, seinen Klaren ansetzte und fröhlich »prost« rief, mußte er immer damit rechnen, daß mit Wasser verdünnte Herztropfen durch seine durstige Kehle rauschen würden. Als die Wirtin schließlich dazu überging, die Frauen lauthals an die tägliche Pille zu erinnern, landete beim Kreiskonsum ein Brief der Gemeindevertretung. Wir wünschen, hieß es da, endlich einen Wirt, der sein Handwerk versteht.

Ein Professor steht mit einem leeren Netz vor der Kaufhalle und sinniert: »War ich nun schon drinnen – oder nicht?«

Also schickte der Kreiskonsum einen neuen Wirt, einen ausgezeichneten Mann, der den ungeheuren Vorteil hatte, daß er 20 Jahre alt war und frisch von der Gastwirtschule kam.

Der Junge sah auf den ersten Blick, was in Nieder-Schranzleben fehlte: Lebensart und Manieren!

Die Leute kamen rein, klopften mit den Knöcheln auf die Tischplatte, sagten: Tak ok!, schurrten sich einen Stuhl zurecht, setzten sich breitbeinig und hängten die Mütze übers Knie.

Gerade davor war der junge Mann hinreichend gewarnt worden, und getreu seiner Schulweisheit: Der Wirt muß seine Gäste erziehen!, führte er den Leuten unermüdlich und immer aufs neue vor, wie der Herr von Welt eine Gaststätte betritt, die Garderobe ablegt und Platz nimmt.

»Macht der Laden vor Schichtschluß vielleicht noch mal auf?«
»Weiß nicht! Die Verkäuferin ist zum Frisör.«

Das verblüffte die Leute, und sie blieben zu Hause.

Wahrscheinlich trainierten sie in aller Heimlichkeit und Stille die vorgeschriebenen Übungen, um die Eleganz hinzukriegen, die zum Eintritt in die große Welt der Nieder-Schranzlebener Konsum-Kneipe berechtigte.

Schließlich kam eine Inventurkolonne, schüttete das saure Bier weg, vergrub die verfaulten Bockwürste und hängte ein Schild an: Vorübergehend geschlossen!

Gegenwärtig ist der Kreiskonsum schon wieder in neue Verhandlungen eingetreten mit einem Mann, der den ungeheuren Vorteil hat, daß er von Beruf Taucher ist.

Mehr kann man von unserem Kreiskonsum beim besten Willen nicht erwarten! Die Nieder-Schranzlebener aber reißen das Maul auf, schimpfen im voraus und beweisen damit nur, was ich anfangs sagte: Es gibt immer und überall Menschen, denen auch der wundervollste Kreiskonsum nichts recht machen kann.

Jochen Petersdorf

Vorbereitung des Hutsalons »Exquisit-Glocke« auf das Leninjahr

Verkaufsstellenleiter: Liebe Kolleginnen und Kollegen! Ich eröffne hiermit die kurze Belegschaftsversammlung unseres Hutgeschäftes. Auf der Tagesordnung steht der Punkt: Was unternimmt der Hutsalon »Exquisit-Glocke« im Leninwettbewerb? Ich möchte als Verkaufsstellenleiter gleich mal mit gutem Beispiel vorangehen und die Verpflichtung abgeben, zu Ehren Lenins den Laden immer pünktlich zu öffnen.

Anna: Und ich verpflichte mich, den Laden immer vorfristig zu schließen.

Verkaufsstellenleiter: Sehr gut, Anna. Aber bitte noch weitere Vorschläge. Es gibt da noch viele Möglichkeiten. Denken wir nur an unsere Kunden.

Uschi: Sehr richtig! Ich verpflichte mich, die Kunden zu bedienen.

Verkaufsstellenleiter: Das ist kein übler Gedanke, Uschi. Haben Sie da vielleicht schon konkrete Vorstellungen?

Mein Mann ist nämlich befördert worden!

Uschi: Naja, ich lege ihnen einen Hut hin und sage freundlich: So, da isser!

Verkaufsstellenleiter: Und wenn der Hut nun dem Kunden nicht gefällt?

Uschi: Ja dann, dann … hm – das ist sone Sache – also, dann zeige ich ihm noch einen Hut.

Verkaufsstellenleiter: Das ist ausgezeichnet! Mit dieser Methode schlagen wir den Hutsalon »Schmale Krempe« um Längen und kriegen vielleicht die Wanderfahne.

Anna: Wir können den Kunden ja auch aus Jux einmal in den Spiegel gucken lassen.

Uschi: Au ja! Und dann sagen wir aus Jux: Eu, der kleidet Sie aber gut, mein Herr.

Verkaufsstellenleiter: Kinder! Das ist Weltspitze! Ich bin stolz

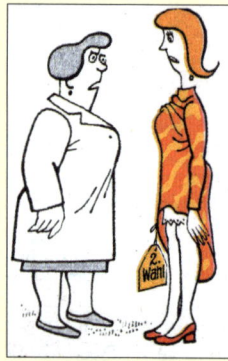

»Verschnitten ist das nicht ...

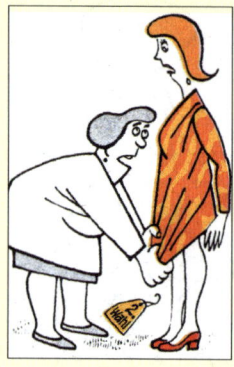

Manche Frau hat nur nicht die richtige Figur für ein solches Modell!

Und nicht das richtige Verhältnis zur Planerfüllung!«

auf euch! – Aber was ist denn mit Ihnen, Herr Schulze? Sie äußern sich ja gar nicht?! Was haben Sie sich denn zu Ehren Lenins ausgedacht?

Schulze: Ich lese gerad ein Buch von Lenin.

Verkaufsstellenleiter: Ach nee! Wir kämpfen, und Sie schmökern! Daraus wird nichts, mein Lieber! Ich lasse mir von Ihnen nicht den Lenin-Wettbewerb herabwürdigen. Sie machen was Passendes: Sie verkaufen sibirische Pelzmützen: An alle, an alle!

Alle: An alle!

Ich war einkaufen

Im Konsum kaufte ich Butter. Die Verkäuferin wog ab, packte ein. Dann leckte sie die Finger ab, an denen ein Butterrest klebte. Das Mädchen war vollschlank.

*

Ich brachte meinen selbstgeschneiderten Mantel in ein Textilgeschäft, um Knopflöcher hineinarbeiten zu lassen. Beim Abholen merkte ich, daß sich der Mantel nicht zuknöpfen ließ.

Ich: Fräulein, die Knopflöcher sind zu klein.

Sie: Tut mir leid, unsere Maschine näht keine größeren!

Ich: Das hätten Sie mir vorher sagen sollen.

Sie: Wir können nicht jeden Knopf erst probieren, ob er paßt. Schneiden Sie die Knöpfe ab und nähen Sie kleinere dran.

Ich pries mich glücklich, dort keinen Hut gekauft zu haben.

*

In der HO entzückte mich ein formschönes Bierservice. Leider hatte es nur fünf Gläser. Das zweite, was mir die Verkäuferin vorlegte, gefiel mir nicht. Sie sagte brüsk: »Was wollen Sie! Hätten Sie das erste nicht gesehen, würden Sie es bestimmt kaufen!«

Ich grüble noch heute, ob sie recht hat!

Ursula Haase

Horst von Tümpling

Das Kunstwerk

Es ist nicht jedem gegeben, auf Anhieb immer das Richtige zu
tun. Und so hatte auch Herr Berthold Ribbeke lange ge-
schwankt, in welche Richtung er seine weitere Entwicklung als
Mensch und Persönlichkeit lenken sollte. Geschafft hatte er
schon allerhand in seinem mehr als fünfunddreißigjährigen
Leben. Gegenwärtig nahm er seiner Umwelt gegenüber die Position eines stellvertretenden Verkaufsstellenleiters ein. Und
wenn man bedenkt, daß es in der Obst- und Gemüsebranche gewisse Schwankungen des Verkaufsgeschehens gibt, so fehlte es
Herrn Ribbekes Leben auch nicht an manchen spannungsvol-
len Widersprüchen. Aber der Mensch wächst ja an dergleichen.
Herr Ribbeke also hatte längst seinen Weg gefunden, um den
zu gewissen Jahreszeiten etwas leeren Schaufenstern dennoch
zu einer gewissen Attraktion zu verhelfen. Im Auftrage der
DEWAG betrieb er hier eine großflächige Annoncen-Plantage.
So erfreute sich seine Filiale auch in den dürren Monaten von
März bis Juni einer erfreulichen öffentlichen Aufmerksamkeit.
Eines Tages – die versprochene Stachelbeerlieferung ließ noch
auf sich warten – bot eine ältere Dame mittels Zettelinserates
in Ribbekes Schaufenster ein Kunstwerk an: »Mädchenfigur,
gut erh. (Kunstwerk!), billig abzugeben, zu erfragen bei ...«
Nur spaßeshalber, weil eben noch immer keine Stachelbeeren
geliefert worden waren, erkundigte sich Ribbeke bei der Dame.
Das Tantchen stand Rede und Antwort: ein ganz entzückendes
Ding, gewiß, und aus Alabaster, wie man ihn heutzutage gar
nicht mehr bekommt. Und so natürlich in der Darstellung. Bei-
nahe antik. Eine Arbeit des Freundes ihres verstorbenen Onkels. Noch vor dem ersten Weltkrieg. Garantiert handgemacht.
Herr Ribbeke, eigentlich kein Scherzbold in derlei Dingen, faßte
den jähen Entschluß, das Figürchen selber zu erwerben. Ich
kann nicht sagen, ob er der alten Dame einen Gefallen tun
wollte oder nur neugierig auf die Talente jenes Freundes ihres
verstorbenen Onkels war. Manche überraschenden Taten, mit
denen ganz unscheinbare Menschen plötzlich hervortreten, sind
ja oft sehr subtil, dabei fast immer auch ein wenig banal moti-
viert. Aber da Herr Ribbeke zudem entschlossen war, das
Kunstwerk nicht für sich, sondern für die fast immer viel zu großen Schaufenster seiner Filiale zu erwerben, ist der Grund

Wie wird die DDR-
Gesellschaft einge-
teilt?
In Shopper, Exer
und Flitzer.
Shopper haben
Westgeld und kau-
fen im »Intershop«,
Exer verfügen über
genug Ostknete
fürs »Exquisit«.
Wer beides nicht
hat, hetzt von HO
zum Konsum, um
irgendwo etwas
Brauchbares zu
erwischen – die
Flitzer.

Frau Meyer schickt Herrn Meyer einkaufen. Zunächst geht er zum Gemüseladen. An der Tür hängt ein Schild: »Wegen Warenannahme geschlossen.« Meyer geht zum Elektroladen. An der Tür: »Wegen Inventur geschlossen.« Meyer geht zur HO-Fleischerei: »Wegen Betriebsausflug geschlossen.« Meyer geht zum Konsum-Bäcker: »Wegen Haushaltstag geschlossen.« Meyer geht nach Hause. »Du«, sagt er zu seiner Frau, »jetzt weiß ich, warum in der Zeitung immer steht: »Der sozialistische Handel steht geschlossen hinter der Bevölkerung.'«

hierfür vielleicht auch nur in der Abwesenheit seines Chefs zu suchen. Stellvertreter kommen ja gewöhnlich nur bei Urlaub, Krankheit oder sonstiger Abwesenheit ihrer Vorgesetzten richtig zum Zuge. Ribbekes Verkaufsstellenleiter sollte Augen machen, wenn er wiederkam.

Zunächst aber machten bereits am anderen Tage Ribbekes Stachelbeerkunden Augen. Dann da präsentierte sich ihnen inmitten von Obstkörben und Porree-Bunden, von den Knien rank aufwachsend, in schlichtem Weiß, die Arme halb breitend, halb sinken lassend, ein Mädchenwesen. Weniger als einen halben Meter hoch, mehr verhüllt als nackt, mehr unbekleidet als bedeckt. Doch als Plastik nicht nur deshalb problematisch, wie sich zeigte. Vielmehr hatte dieses Kunstgeschöpf keinen Kopf. Auch die Hände fehlten bis zur Höhe der halben Unterarme. So kam es denn zu Diskussionen.

Zunächst war dies für Ribbeke ein erfreulicher Nebeneffekt. Blieb doch auf diese Weise weniger Raum, über bestimmte Fragen des Kohlrabi- oder Konservenangebotes zu streiten. Manchmal indes wurden die Kunstgespräche; spontan über Ladentisch und Kasse geführt, heikel. Manche Kunden sprachen schlichtweg von Kitsch. Andere fragten eindringlich nach dem Neuen in jenem Menschenbild ohne Kopf, Hand und Fuß. Gewisse ältere Frauen machten unter sich grobe Bemerkungen über Unmoral, und daß ja schließlich auch Kinder am Laden vorbeikämen. Da hätte Herr Ribbeke freilich zu Problemen gewisser Angebotslücken sachkundiger Stellung nehmen können. Und nun kam auch noch sein Chef zurück.

Den Argwohn, die Figur könnte vielleicht aus einem unverhofften Kassenplus erworben sein, hatte Ribbeke sogleich zerstreut. Die fünfunddreißig Mark hatte er aus Eigenem aufgebracht, und daß es am Ende besser war, diese Plastik ins Fenster zu stellen, anstatt das Publikum mit farbenfrohen, aber Werbeplakaten über Gesundheit durch Frischobstgenuß in den Laden zu locken, sah auch der Chef bald ein. Aber dem Kreisbetrieb gegenüber mußte doch irgendeine zeitlos überzeugende Argumentation gefunden werden. Immerhin eine nackte Dame im Gemüse!

Ribbeke und sein Chef überlegten lange. Sie trafen sich auch privat, abwechselnd in ihren Wohnungen. Die beiden Familien freundeten sich an. Gemeinsam besuchte man manchmal ein Museum. Ribbeke delegierte seinen Ältesten sogar in die Stadtbücherei, um sachdienliche Literatur zu beschaffen. Denn da hatte man nun immer wieder nur mit halbem Auge die Referate und Beschlüsse über Kunst und Kultur in der Presse verfolgt, statt auch diesen Abschnitten jene Aufmerksamkeit zu widmen, mit der man Artikel zu Versorgungsfragen und Gemüsekampagnen verfolgte. Diese Einseitigkeit mußte rasch überwunden werden, sollte sie keine Folgen haben. Ribbeke und sein Chef wurden während solcher Stunden des Studiums gute Freunde. Und beschämt mag Ribbeke seinem Chef eines Tages auch sein wahres Motiv für jenen Kunstkauf eingestanden haben.

Die Filiale indes entwickelte sich trotz des überall in der Stadt immer üppiger werdenden Angebots an Obst und Gemüse zu einem Zentrum. Der Umsatz stieg rapide. Erstmalig gab es auch während der Erdbeerschwemme zum Feierabend keine Standware, die anderntags vergammelt war. Auch die Pflaumen gingen weg wie Semmeln am Samstag. Ribbeke hatte sich angewöhnt, das Kunstwerk im Schaufenster am Morgen immer gänzlich mit Obststiegen zu verstellen. Sollte es sichtbar werden, so mußte man kaufen.

In den beiden Kaufhallen der benachbarten Wohngebiete trug man sich schon mit dem Gedanken, die Obststände wegzurationalisieren; ein Privathändler, versuchte die beginnende Flaute in seinem Geschäft durch eine Renovierung aufzufangen. Eines Tages erschien eine Abordnung des Kreisbetriebes in Ribbekes Filiale.

»An die Vegetarier müssen wir schließlich auch denken!«

Es gab anerkennende Worte für das Leitungskollektiv und die Verkaufskräfte, welche ja miteinander identisch waren. Es fielen Worte von Verantwortung und von Übernahme noch höherer Aufgaben. Am Ende war ein richtiges Kadergespräch aus dem Besuch geworden.

Heute leitet Herr Ribbeke die Abteilung Kultur in einem Gemüsekombinat, dessen Direktor sein ehemaliger Chef wurde.

Im Zuge der Rationalisierung wurde jene Obst- und Gemüsefiliale geschlossen. Die Obstschwemme ging ja auch allmählich zu Ende. Das Kunstwerk steht im Inventarlager der Abt. Allg. Verw. des Kreisbetriebe. Die alte Dame ist vielleicht schon tot. Es ist nicht jedem gegeben; auf Anhieb immer das Richtige zu tun. Und so schwankt denn Herr Berthold Ribbeke gegenwärtig mehr denn je, in welche Richtung er seine Entwicklung fernerhin lenken soll.

Angela Gentzmer

Gast und Kellner

Sketch mit Helga Hahnemann und Rolf Herricht

Herricht *(als Kellner) führt die Hahnemann (als Gast) an den Tisch:*
  Guten Abend! Gnädige Frau! Tisch am Fenster gefällig mit
  Aussicht auf unsere strahlenden Leuchtreklamen: Berlin bei
  Nacht!
Henne liest: Wat heißt dit? Mit Opa?
Rolf: Nein, Gnädigste! Mitropa! Das »R« wird gerade repariert!
Henne: Aber am Fenster will ick nich' sitzen! Da zieht et imma!
Rolf: Nein! Bei uns zieht, außer sehr hohen Trinkgeldern, gar
  nichts mehr! Und wenn gnädige Frau mal ihr kleines Plap-
  permäulchen nach der Bestellung wieder schließen würde,
  kann uns auch aus dieser Richtung nichts mehr passieren!
Henne: Na gut! Ick laß ma hier nieder! Wat muß'n weg?
Rolf: Ich verstehe nicht! Es sei denn, gnädige Frau sprechen
  vom Imperialismus?
Henne: Ick spreche von ihre Speisen! In jedet Lokal jibt et wat
  Altet und Verjammeltet!
Rolf: Nein! Da muß ich gnädige Frau enttäuschen. Dieser Koch
  arbeitet schon seit drei Monaten nicht mehr hier!
Henne: Na, da bin ick ja beruhigt! Und wat hier steht, kann man
  allet essen?
Rolf: Ja, selbstverständlich! Es sei denn, gnädige Frau haben
  schon nicht mehr alle Beißerchen, da müßte der alte Ochse
  in der Küche dann zu einem Ragout durchgemantscht werden!
Henne: Ick kann det überhaupt nich allet entziffern! Sagen Se
  ma, ham Se mir vielleicht die chinesische Karte jejeben?
Rolf: Aber! Gnädige Frau müssen die Karte anders herumdre-
  hen! Sehen Sie, nun ist es japanisch! Was man ja auch un-
  schwer an den kleinen Pinselhäkchen erkennt!
Henne: Na, Herr Ober, dann bringen Sie mal: Oxtail-clair!
Rolf: O-Suppe! Geht clair!
Henne: Dann Filet »Stroganoff«.
Rolf: Einmal den ollen »Stroganoven«.
Henne: Eine Birne »Helene« …
Rolf: Wieviel Watt?
Henne: Watt? Wollen Se mir vielleicht 'ne Glühbirne servieren?
Rolf: Gnädige Frau haben mich mißverstanden! Ich meine,
  womit darf ich Ihre Birne garnieren? Mit heißer Himbeerso-
  ße oder Schlagsahne? Ich hab's! Wir gießen ein Gläschen

Cognak darüber und zünden sie an: sozusagen flambierte Birne oder: Glühbirnchen schimmere!

Henne: Ne, det muß nich' sein! Ick werde imma so schnell blau, und ick brauch heute noch mein Kopp zum Nachdenken. Aber 'n Kaffee können Se mir denn noch bringen!

Rolf: Für Kaffee ist es schon etwas spät!

Henne: Mir macht det nichts aus! Ick schlafe nach Kaffee wie'n Maulwurf!

Rolf: Das bezweifle ich nicht! Es fragt sich bloß, ob wir wegen der einen Kaffeebohne heute noch eine Büchse öffnen sollen!

Henne: Und wenn ick nu'n Mokka-duble bestelle?

Rolf: Das ist etwas anderes! Ein Double zwei Bohnen! Eine echte, eine kaschiert! Sonst noch Wünsche?

Henne: Ja, dat et schnell jeht, Herr Oba!

Rolf: Rasend schnell, gnädige Frau! Die O-Suppe können Sie schon, wenn wir noch eine Büchse auf Lager haben, in der nächsten dreiviertel Stunde schlürfen! Den ollen Stroganoff haben wir in spätestens 1 1/2 Stunden zusammengeschlagen! Pünktlich eine Stunde später wird ihre Birne begossen und der Kaffe serviert! Das heißt, wenn die Kaffemamsell sich wieder bei der Bohne mit dem Hammer auf den Finger haut und in die Poliklinik muß, wird es natürlich ein bissel später.

»Hmm, dit schmeckt schön! Davon will ich das Rezept haben« – Helga Hahnemann an einem ihrer Diättage

Henne: Ne, danke! Herr Oba! Mann, dit is ja vielleicht 'n Saftladen! Sie brauchen vier Stunden, um dem Gast eenmal Mittag zu servieren? Mensch! In der Zeit ha ick ja 'nen janzen Haushalt jemacht – de Wäsche jebüjelt und bin sojar noch 'n paar Runden schwimmen jejangen! Also, unter diese Umstände vazichte ick uff Ihr mickeriget Mahl!

Rolf: Gnädige Frau! Darf ich Ihnen zu Ihrem Entschluß, überhaupt nicht zu speisen, gratulieren?

Henne: Gratulieren? Schämen müßten Se sich!

Rolf: Nein, im Gegenteil, gnädige Frau! Sehen Sie, gleich als Sie hier reinkamen, dachte ich so bei mir: Dieser dicke Pummel sollte lieber einmal eine anständige Fastenkur machen, anstatt sich bei uns den Bauch vollzuschlagen! Sehen Sie, und jetzt verzichten Sie sogar von sich aus – ist das nicht wunderbar? Gnädige Frau, kommen Sie noch 5 oder 6 Tage lang zu uns zum Speisen und ich garantiere Ihnen: Sie können sich endlich wieder mit ihrer Figur in jedem Gourmet-Tempel sehen lassen!

Jochen Petersdorf

Was ist ein Fatzke?

Ich weiß es. Ohne im Großen Duden oder in andern Wörterbüchern nachzusehen.

Fatzken sind für mich in erster Linie Verkäufer und Verkäuferinnen. Oder Servierer und Serviererinnen. Oder Taxifahrer. Oder Angestellte in öffentlichen Ämtern. Oder ...

Genügt. Die Richtung dürfte klar sein.

Klar sein muß aber auch, daß hier nicht von der Mehrzahl die Rede ist, sondern von einzelnen Herrschaften. Die Mehrzahl ist gut. Häufig noch besser. Fleißig, höflich, ehrlich. Sie steht ihren Mann und steht häufig gelobt und geehrt im Lichte der Öffentlichkeit.

Und die andern stehn im Dunkeln?

Leider nicht.

»Mein lieber Mann! Wenn wir Verkaufskräfte nicht unsern sprichwörtlichen Humor hätten ...«

Sie stehen oder sitzen uns genauso öffentlich gegenüber. Sie gehen mit uns um. Oder springen mit uns um. Und das Schlimme an der Sache: Die tägliche Tuchfühlung, sprich Konfrontation. Ein fatzkenhafter Stahlschmelzer vor dem glühenden Hochofen stört uns nicht. Ein fatzkenhafter Genossenschaftsbauer auf dem ratternden Mähdrescher läßt uns kühl.

Moment mal. – Da stimmt doch was nicht.

Hat man überhaupt mal was von ausgesprochenem Fatzkentum in Stahlschmelzer-, Bergmanns-, Bauarbeiter- oder Genossenschaftsbauernkreisen gehört? Wohl nicht.

Ich kenne einen, der steht von morgens bis abends im Schweinestall, füttert, tränkt und entmistet die Viecher und ist ein ganz freundlicher, bescheidener Mensch. Während ein anderer, den ich auch kenne und der in einem großen Restaurant die gesottenen und gebratenen sterblichen Reste der Schweine verteilt, sich benimmt wie ein gesengtes Muttertier der erwähnten Vierbeiner. Ich kenne weiterhin einen, der von morgens bis abends in einer großen Halle steht, mit ölverschmierten Händen schnelle Automotoren zusammenbaut und ein ganz freundlicher und bescheidener Mensch ist.

Während ein anderer, den ich auch kenne und der in einem feinen Autosalon die nagelneuen Wartburgs und Trabants verteilt, sich benimmt wie Graf Koks von der Gasanstalt.

Sie kennen sicherlich ähnliche Leute.
Ein ganz normales junges Mädchen, das Hemden näht, und
eine aufgeblasene Lady mit dem exquisiten Schwan, die Ihnen
so ein Ding in der Klarsichtfolie überreicht, als wärs ein Stück
von ihr. Oder ein schüchterner Spulenwurm bei Stern-Radio
und ein naßforscher großmäuliger Stereoanlagen-Verkäufer im
Warenhaus. Oder ein Häuserbauer und ein kommunaler Häu-
serverwalter. Oder ein ...
Was ist eigentlich los? Wer gibt einzelnen Fatzken das Recht,
die Werte, die andere schaffen, lediglich als Requisiten für ihre
Star-Auftritte zu betrachten?
Keiner.
Dieses Recht nehmen sich die im Licht der Öffentlichkeit ste-
henden trüben Tassen selbst. Und da wäre es eigentlich an der
Zeit, daß wir mal wieder zu einer Enteignung schreiten. Konsequent – aber natürlich in netter Form. Denn die Grafen Koks
von der Gasanstalt sind ja schließlich auch unsere Leute. Sie
lassen sichs eben nur nicht so anmerken.

Geschlossene Gesellschaft

Ein Mann, den es drängte, in einem Café
sein Dürstlein zu stillen, erblickte verdrossen
am Gaststätteneingang aus Pappmaché
ein Schild mit dem Text »Wegen Umbaus geschlossen«.

Dem Mann wurde mulmig, er hätte so gern
den quälenden Großbrand mit Branntwein begossen.
Er raste zur »Taube«, zum »Faß« und zum »Stern«,
doch überall war wegen Umbaus geschlossen.

Da ging er zum Rathaus. Sein Sprüchlein stand fest:
»Ihr dürft es nicht dulden, Kollegen, Genossen,
daß immerfort jeder was umbauen läßt ...«
Das Rathaus war stumm – wegen Umbaus geschlossen.

Der Mann war Jahrzehnte stupid auf dem Marsch.
Der Mann wurde älter. Die Jahre verflossen.
Er starb. Fuhr gen Himmel. Doch Petrus sprach barsch:
»Kein Eintritt, mein Freund. Wegen Umbaus geschlossen.«

Hansgeorg Stengel

Fragt ein kleines Mädchen die Mutter: »Du, Mutti, was sind Menschenschlangen?« »Das sind«, antwortet die Mutter, »Menschen, die sich hintereinander anstellen, um Bananen zu kaufen.« »Und was sind Bananen?«

Hans-Joachim Würzner

Die Eintrittskarte

Eingang zu einem Museum. Einlaßdienst, Besucher

Besucher: Guten Tag! *Weist eine Eintrittskarte vor.*
Einlaß: 'n Tag!
Besucher: *hält ihm deutlich die Karte hin* Bitte!
Einlaß: Auf diese Karte können Sie nicht rein!
Besucher: Wie bitte?
Einlaß: Auf die Karte können Sie heute nicht rein.
Besucher: Warum bitte?

Einlaß: Die Karte ist von gestern.
Besucher: Ja, ja, gestern gekauft, aber noch nicht benutzt.
Einlaß: Auf die Karte können Sie nicht rein.
Besucher: Das ist ja merkwürdig. Ich nehme doch niemandem einen Platz weg.
Einlaß: Die Karte ist von gestern.
Besucher: Aber sie ist doch gestern nicht benutzt worden!
Einlaß: Schon.
Besucher: *seufzt* Also geben Sie mir eine für heute.
Einlaß: Für heute können Sie keine haben.
Besucher: Wie bitte?
Einlaß: Für heute können Sie keine haben.
Besucher: Nun seien Sie doch nicht böse. Ich dringe ja nicht mehr darauf, auf die Karte von gestern heute herein zu wollen.
Einlaß: Für heute können Sie keine haben.
Besucher: Das ist ja eigenartig.
Einlaß: Schon.
Besucher: Ja, aber warum wollen Sie mir denn für heute keine Karte verkaufen?
Einlaß: Heute ist Mittwoch, da ist der Eintritt frei!

2. Kapitel

Alles zum Wohle des Volkes

Humorvolles aus dem Alltag

Weiter so, nur besser, sagt Erich Honecker zu den Fernseh-
verantwortlichen und wünscht sich ein attraktiveres Programm, in dem die Unterhaltung groß geschrieben wird.
1971 werden zahlreiche neue Sendereihen ins Leben gerufen:
Ein Kessel Buntes, den es bis 1992 geben wird, **Außen-
seiter – Spitzenreiter**, bis heute produziert, ebenso der
Polizeiruf 110, die ostdeutsche Konkurrenz zum »Tatort«,
das beliebte **Tele-Lotto**, die Unterhaltungssendung **Mit Lutz
und Liebe**, der Rechtsratgeber **Fragen Sie Professor Kaul**.
Ilse Maybrid und Otto Stark treten mit einer hier nachzu-
lesenden Fernseh-Parodie in der **Distel** auf, die zu einer
Lieblings-Lachnummer des Publikums wird. Und dann sagt
Erich Honecker noch: Meines Erachtens kann es auf dem
Gebiet von Kunst und Literatur **keine Tabus** geben. Es kommt
Bewegung in die **Rockszene**, die jetzt unter den Fittichen der
FDJ gefördert wird; in die Jazzszene, Dresdens erstes Dixie-
landfestival findet statt; in die Theaterszene, mit den Regie-
arbeiten von Karge/Langhoff oder dem Sensationserfolg von
Ulrich Plenzdorfs 1972 uraufgeführtem Stück »Die Leiden des
jungen W.«; mit vieldiskutierten Büchern von Kant, Heym,
Braun, Morgner, Panitz; und die DEFA arbeitet 1972 an ihrem
erfolgreichsten Film, der »Legende von Paul und Paula« – aus
dem das Umschlagmotiv dieses Buches stammt.

Rolf Pester

Pinsliges

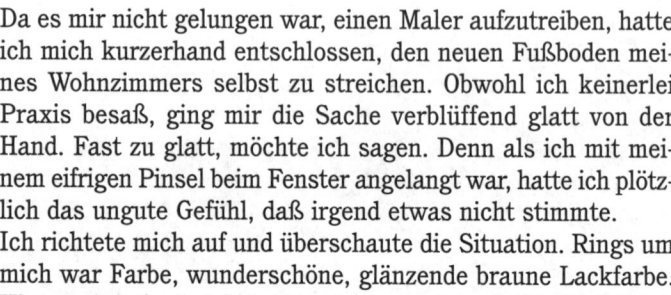

Da es mir nicht gelungen war, einen Maler aufzutreiben, hatte ich mich kurzerhand entschlossen, den neuen Fußboden meines Wohnzimmers selbst zu streichen. Obwohl ich keinerlei Praxis besaß, ging mir die Sache verblüffend glatt von der Hand. Fast zu glatt, möchte ich sagen. Denn als ich mit meinem eifrigen Pinsel beim Fenster angelangt war, hatte ich plötzlich das ungute Gefühl, daß irgend etwas nicht stimmte.

Ich richtete mich auf und überschaute die Situation. Rings um mich war Farbe, wunderschöne, glänzende braune Lackfarbe. Hinter mir befand sich das Fenster, vor mir, gute fünf Meter entfernt, die Tür. Und haargenau in dieser Sekunde, als mein nachdenklicher Blick auf die Tür fiel, erkannte ich meinen folgenschweren Irrtum. Zwischen ihr und mir lag in erfreulichem Glanz die Fläche, die ich seit den frühen Mittagsstunden im Schweiße meines Angesichts gestrichen hatte. Jeder Schritt in dieser Richtung wäre einer Zerstörung meines mühevoll geschaffenen Werkes gleichgekommen.

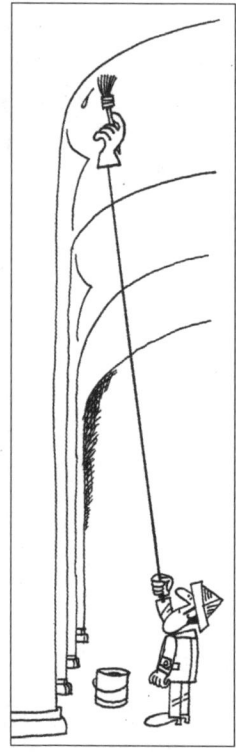

»Verdammt noch mal«, sagte ich erschlagen und stand eine Weile unbeweglich. Da mir aber das Nachdenken im Stehen auch keinen rettenden Einfall bescherte, ließ ich mich vorsichtig auf dem mir noch verbliebenen Fleck trockenen Bodens nieder, um meine diesbezüglichen Überlegungen fortzusetzen.

Fest stand zunächst die traurige Tatsache, daß ich auf meiner Insel so lange ausharren mußte, bis die Farbe vollständig getrocknet war. Nach Aussagen des Drogisten konnte dies vierundzwanzig Stunden dauern.

Inzwischen begann es zu dämmern. Ich blickte sehnsuchtsvoll nach dem Lichtschalter, doch der befand sich neben der Tür. also in unerreichbarer Ferne. Schrecklicher Gedanke, die ganze Nacht im Dunkeln verbringen zu müssen, ohne Bett, ohne Kissen, ohne Decken. Hunger hatte ich obendrein. Ich stieß einen Fluch aus. Bald saß ich vollständig im Dunkeln. Von der Straße drang fröhliches Lachen, ein Hund bellte, der Lichtschein vorbeifahrender Autos huschte geisterhaft durchs Zimmer.

Ich versuchte mir Trost zuzusprechen, indem ich an das viel schlimmere Los all jener Unglückseligen dachte, die in grauen Vorzeiten in feuchten Burgverliesen schmachten mußten, ohne Hoffnung auf Rettung. Wie zuversichtlich konnte ich dagegen sein! Ich war in der glücklichen Lage, die Stunden meiner Gefangenschaft zählen zu können, wußte um den Zeitpunkt meiner Befreiung. Alles halb so schlimm, sagte ich mir, es kommt eben stets auf die richtige Betrachtungsweise an.

Doch um ganz offen zu sein – ich fand diese Art von Seelenwanderung bald lästig. So beschloß ich, meine Zuflucht im Schlaf zu suchen. Diese Nacht wurde zur schrecklichsten meines Lebens. Jede halbe Stunde wachte ich auf. Entweder waren meine Beine eingeschlafen oder meine Arme oder beides zugleich, oder mein Rücken schmerzte, oder mein Magen knurrte so laut, daß ich dachte, ein Hund sei im Zimmer. Als endlich der Morgen graute, hatte ich das Gefühl, ein halbes Jahrhundert in diesem entsetzlichen Zustand verbracht zu haben. Eine erste Prüfung der Farbe ergab das befürchtete Resultat: Sie klebte, als hätte ich gerade erst mit dem Streichen begonnen. Ich verbrachte den endlos langen Tag, indem ich Lieder sang, Gedichte aus meiner Schulzeit aufsagte und Zwiegespräche mit einem unsichtbaren Partner führte.

Dann nahte der Abend und mit ihm mein völliger Zusammenbruch. Die Farbe war noch immer nicht trocken. Ich geriet in einen Zustand ohnmächtiger Raserei, verfluchte den Fußboden, die Farbe, den Drogisten, die Farbenfabrik und mich – und sank schließlich zu Boden, wo ich augenblicklich in einen totenähnlichen Schlaf verfiel.

Als ich am nächsten Mittag aufwachte, war der Boden trocken. Ich kroch auf allen vieren aus dem Zimmer und in die Küche, trank einen Eimer Wasser mit einem Zuge leer, verschlang ein halbes Brot, sämtliche Wurst, dazu ein Pfund rohes Rindfleisch und kam so allmählich wieder zu mir. Als ich wieder richtig gehen konnte, bewaffnete ich mich mit einem Knüppel und wollte mich auf den Weg zu jenem Drogisten machen. Da klingelte es. Draußen stand mein Hausvertrauensmann.

»Sie waren wohl verreist?« fragte er. »Ich habe gestern schon ein paarmal bei Ihnen geklingelt!«

»Nein«, entgegnete ich und erzählte von meinem Mißgeschick.

»Aber Menschenskind !« rief er atemlos. »Warum sind Sie denn nicht einfach aus dem Fenster gesprungen?«

»Na, Sie gefallen mir«, sagte ich entrüstet. »Ich bin doch nicht lebensmüde! Würden Sie vielleicht aus dem dritten Stock springen?«

»Wieso dritter Stock?« fragte er. »Sie wohnen doch im Erdgeschoß!«

Ich sah ihn mit einem langen Blick an. »Natürlich«, sagte ich dann langsam. »Sie haben recht. Entschuldigen Sie. Ich hatte wirklich ganz vergessen, daß ich vorige Woche umgezogen bin.«

»Haben Sie schon gehört?« fragt ein Rentner den anderen. »Der VIII. Parteitag hat beschlossen, die Renten auf 600 Mark zu erhöhen.«
»Wie schön, da freue ich mich!«
»Ja, aber 400 davon sind in Eigenleistung zu erbringen.«

Hans Rascher

Der neue Wetterbericht

Ilse Maybrid und Otto Stark in der Distel

Es folgt der Wetterbericht. Um auch diese Sendereihe noch vielseitiger und unterhaltsamer zu machen, wird sie ab heute von unseren Fernsehlieblingen gestaltet. Hören Sie zunächst den Wetterbericht von Heinz Florian Oertel:

Heinz Florian Oertel: Hallo, liebe Wetterfreunde, ich glaube, das gibt heute ein dramatisches Finish zwischen dem westeuropäischen Tief, im grauen Wolken-Trikot und schwarzen Windhosen, und unserem deutschen demokratischen Hoch, ganz in Blau. Wer hat Anstoß? Hallo! Natürlich, eine kleine Gewitter-

front über dem Rhein erregt wieder einmal Anstoß, doch da! Da! Junge, Junge, Junge! Unser Hoch schickt seinen Nord-Ost-Sturm nach vorne! Und ich kann nur wiederholen: Junge, Junge, Junge! Das Tief schwächt sich ab, versucht mit einigen Hagelkörnern zu faulen. Foul! Foul! Das ist ein Foul im Staate Dänemark, würde jetzt Hamlet sagen. Und da! Na, na, na, na, hoi, hoi! Und noch einmal zum Mitschreiben für Oertel-Fans: Na, na, na, na, hoi, hoi! Au weia, Junge, Junge, ist das ein Wetter! Ist das ein Wetter! Da kann man nur noch Shakespeare zitieren: Ein Pferd, ein Pferd, ein Königreich für ein Pferd! Das

Hallo, liebe Wetterfreunde ... hier spricht Ihr Heinz Florian Oertel

paßt zwar nicht hierher, aber welches Pferd paßt schon noch in diesen Hexenkessel, wo sich jetzt Wolke auf Wolke ballt! Ja, det is 'ne Wolke, würde jetzt der Berliner sagen, wenn er so viel Mutterwitz hätte, wie wir Sportreporter gar nicht zeigen dürfen! Doch da! Ja, jetzt! Nein! Doch! Doch nicht! Nicht doch! Ja doch! Unser Hoch löst sich vom Gegner! Hallo! Nein, es löst sich zwar, aber es löst sich auf! Eine herrliche Katastrophe! Unser Hoch, gelöst wie nie, in völliger Auflösung! Ja, das ist die Lösung! Und aus! Petrus hat abgepfiffen! Es ist aus! Alles aus. Aber damit ist noch alles drin, und man kann als optimistisches Fazit ziehen: Das Examen haben wir großartig bestanden, und nur die Prüfung nicht erreicht.
Es folgt der Wetterbericht von Pittiplatsch und Hans-Georg Ponesky: **Pittiplatsch:** Ach du meine Nase, da kommt ja eine ganz

knüppeldicke Wolke, da ist euer lieber Pitti aber ganz rritsche-matsche-traurig, hach, und jetzt kommen auch noch lauter plitsche-platsche-Tropfen aus der Wolke, hui, die weint vor Rührung, weil jetzt gleich der quitschequatsche Ponesky das Wetter übernimmt, hui!

Ponesky: Meine Damen und Herren, ich darf Sie begrüßen, und das ist, glaube ich, schon einen kleinen Applaus wert. Ja, und heute ist also wieder mal unsere ganze liebe, von Herzen kommende Republik mit dem Wetter dabei. Und meine Reporterkollegen haben weder Mühe noch Millionen gescheut, um herauszufinden, daß es heute regnet, was wir mit einer liebevoll einstudierten spontanen Ovation begrüßen wollen. Und ich darf mich gleich mal an Sie, meine Dame hier vorne, wenden, Sie heißen Frau Berta Schulze, und das wollen wir mit einem herzhaften Beifall quittieren. Und Sie werden uns bestimmt nicht böse sein, Frau Schulze, wenn ich Ihnen jetzt schon verrate, daß wir inzwischen Ihre Fenster und Türen ausgehängt, und Ihr Dach abgedeckt haben, damit Ihre Familie, stellvertretend für die ganze Republik, diesen großartigen Regen in Empfang nehmen kann, während Sie hier Ihren verdienten Beifall in Empfang nehmen. Ja, dieser Beifall, der uns allen gehört, der uns zu einem großen Kollektiv zusammenklatscht, was soll ich dazu noch sagen, da kann ich nur schweigen, und das ist bestimmt einen donnernden Applaus wert!

Nun der schwarze Wetterbericht von **Karl Eduard von Schnitzler:** Ja, meine Damen und Herren, wenn da gewisse Herrschaften meinen, welche Herrschaf-

Und damit Gute Nacht, meine Damen und Herren!
Ihr Karl Eduard von Schnitzler vom schwarzen Wetterbericht!

ten damit gemeint sind, das wissen die gemeinten Herrschaften sehr wohl, und ich scheue mich nicht zu sagen, wie ich es meine, ja, meine Damen und Herren, ich scheue mich nicht zu sagen, wie es ist, die wetterbeherrschenden Herrschaften sind damit gemeint, mit ihren ewiggestrigen Glatteis- und Nebelaktionen, die Herrschaften Petrus und Konsorten, die uns wieder einen Tiefschlag von 99 Millibar herübergeschickt haben. Meine Damen und Herren, diese unverbesserlichen Millibaristen werden sich ihre Nebel-Hörner abstoßen, und im umfangreichen Hoch, das wir auf unseren Arbeiter und Bauern ausrufen, die bei jedem Wetter draußen ihre Klassenpflicht erfüllen und ihre Wohnungen nur betreten, um meinem schwarzen Kanal zu lauschen. Und damit Gute Nacht, meine Damen und Herren.

Entsprechend dem breitesten Massenwunsch eines vor zehn Jahren verstorbenen Zuschauers hören Sie jetzt den Wetterbericht mit der Sendung »Neue Lyrik – Neues Leben«. Es spricht Eckehard Drall:

Wetter, Du unsriges, berichtet seiest Du, sagen wird man von unseren Tagen, der Regen habe sich niedergeschlagen, bei Winden umlaufenden um und um, bei Nächten aufklarend auf und auf, vor Sonnen aufgehenden fünf vor zehn – bis der Heizer des Tages Genosse Celsius Temperaturgeladen hochschnellt die Grade, und im Luftdruck des Planes jubelnd steigen die Millibars!

Als Ersatz bringen wir die Operette »Das Wetter aus Dingsda«. Ihr Rolf Herricht!

Und zum Abschluß der Wetterbericht von **Herricht und Preil:**

P: Also was ist denn, ich denke, Sie wollen hier das Wetter ansagen. Also passen Sie auf, ich helfe Ihnen. Also, von Westen her kommt ein Tiefdruckausläufer.

H: Das ist gut, das ist sehr gut, Herr Preil, ich suche schon lange einen Kokosläufer, aber ich nehm auch gern einen Tiefdruckläufer.

P: Ja, wissen Sie denn überhaupt, was Tiefdruck bedeutet?

H: Ja, Herr Preil, wenn ich meine Braut oben drücke, dann kommt sie aus dem Hochdruck, und dann sagt sie: Rolfi, drück tiefer.

P: Was soll denn das? Was hat denn ihre Braut mit dem Wetter zu tun?

H: Ja, der Vater ist doch Wetterinär. Außerdem im Wetterahnen-Klub, ja Herr Preil, das sind Leute, die das Wetter ahnen, von ihrem Rheuma.

P: Quatsch, Veterinär hat doch nichts mit dem Wetter zu tun, sondern mit Tieren.

H: Mit Wetterfröschen …

P: Nein, der kuriert Ochsen wie Sie und Pferde und Säue …

H: O ja. Damit die ein richtiges Sauwetter machen können.

P: Das ist doch zum Dreinschlagen!

H: Ja, deshalb spricht man auch vom schlagenden Wetter, Herr Preil.

P: Meine sehr verehrten Damen und Herren, aus technischen Gründen muss unser heutiges Wetter leider ausfallen.

H: Als Ersatz bringen wir Ihnen die Operette »Das Wetter aus Dingsda«.

Eulenspiegeleien

„Macht fünfzehn Pfennig mehr – die Zeitung ist von heute!"

Alles in allem:
MEDIZIN MIT FREILAUF – klassisch symbolisiert in den technischvollendeten MIFA-Rädern – bringt d r e i fachen Gewinn:
ERLEBNIS – NATURVERBUNDENHEIT – GESUNDERHALTUNG. Quadrat demonstrandum – was zu beweisen war, sagt der Mediziner.

Hout - Pents
43,⁸⁵
Gerski

Toiletten
Betreten der Anlage auf eigene Gefahr

Was ist Glück? – Wenn Sie Zwiebeln im Keller haben. Und großes Glück ist, wenn Sie Zwiebeln und Kohlen im Keller haben.

Die HO stellt für das Jahr 1971 Hilfskräfte ein. Lilliputaner: verkaufen unterm Ladentisch. Neger: verkaufen schwarz. Inder: beschwören die Schlangen vor den Läden. Schweizer: stopfen die Löcher.

Bekanntmachung
In den Wintermonaten wird der Schönebecker Damm nicht vom Schnee geräumt.

Rat der Gemeinde Dannenwalde

„Wenn wir modernere Tapeten herstellen, ist das Risiko zu groß..."
„Wieso?"
„...daß sie uns dann noch schneller aus der Hand gerissen werden!"

Tomaten-Catschup
hergest. aus importiertem Tomatenmark
Füllgewicht 110 g   25 %
EVP 0.70 M u. 0.10 M Pfand
Feodor Bayer KG., Scheibenberg

„Mit diesem soliden Schuhwerk können unsere Menschen getrost meilenweit laufen, um ein Paar modische Schuhe zu ergattern!"

Lothar Kusche

Silvester will vorbereitet sein

Da jedermann an die Silvesterfeier gewisse Ansprüche stellt, ist es doch lächerlich, wenn man einfach hingeht und Silvester feiert, ohne das gründlich vorbereitet zu haben. Um nur ein Beispiel zu nennen: Felix pflegt sich, wie uns die Erfahrung lehrte, nach dem elften oder zwölften Glas Kognak auf die Toilette zurückzuziehen; er riegelt dann von innen fest ab und legt sich bis zum nächsten Morgen vor der Badewanne zur Ruhe

nieder. Auf solche persönlichen Eigenheiten muß man Rücksicht nehmen; einmal ist es nötig, ein paar Decken und Kissen ins Bad zu legen, und zum anderen muß man für die übrigen Teilnehmer an der Feier eine weitere möglichst in der Nähe gelegene Toilette ausfindig machen und den Weg zu ihr durch Hinweisschilder kenntlich machen, damit im Fall eines Falles niemand erst bis zum nächsten S-Bahnhof zu laufen braucht.

Willi hat die Gewohnheit, gegen drei das Lied »Als wir in Santa Fe einst waren« zum Vortrag zu bringen, wobei er sich auf der Gitarre begleitet; die Kameradschaft gebietet es den Anwesenden, den Refrain stürmisch mitzusingen. Also müssen Neulinge, die noch nicht mit Willi zusammen gefeiert haben und noch nie in Santa Fe einst waren, vorher den Refrain lernen.

Von diesen und ähnlichen Überlegungen gingen wir aus, als wir unsere letzte Silvesterfeier vorbereiteten. Wir hatten eine ganze Menge Arbeit, denn eine solche Vorbereitung besteht ja aus einem theoretischen, ich möchte sagen: ideologischen Teil, und aus einem praktischen. Eine größere Diskussion entstand über die Frage, ob es angebracht sei, die Feier in einer Privatwohnung zu veranstalten oder anderswo. Alle Anwesenden sprachen sich für die Privatwohnung aus, ihre eigene natürlich ausgenommen. »Ich würde gern meine Wohnung zur Verfügung stellen«, sagte Emil, »aber ihr wißt ja selbst, wie es mit unserer Katze ist. Ein Fremder braucht nur über die Schwelle zu treten, und schon hat sie ihn angefallen.«

»Ich wußte bis heute überhaupt nicht, daß ihr eine Katze habt«, meinte Felix, »aber es mag ja sein. Am liebsten würde ich sagen: kommt alle zu mir, Jungens. Aber mit meinem Ofen –

das ist einfach nicht zu machen.« – »Der heizt wohl nicht?« –
»Sicher heizt er. Aber wenn getanzt wird, und wenn's nur zwei
Paare sind, dann stürzt er ein.«
»Wie oft ist er denn schon eingestürzt?« fragte jemand.
»Dreimal«, sagte Felix, ohne mit der Wimper zu zucken. Um diese
unerfreuliche Debatte zu beenden, bot ich meine Wohnung an.
»Es ist ein bißchen eng«, sagte ich, »aber ich werde das eine
Bett auseinandernehmen, und aus dem anderen mache ich mit
Kissen und Decken eine gemütliche Rekel-Ecke.«
Emil erhob sofort Protest: »Wir wollen doch fröhlich sein und
tanzen«, sagte er, »wozu müssen wir uns denn rekeln?«
»Wir müssen uns ja nicht rekeln«, antwortete ich, »aber warum
soll man denn nicht zwischendurch mal auf der Couch sitzen?«
Doch der gute Emil befürchtete, daß es nicht beim Sitzen bliebe; und alles weitere sei eben unsitzlich und somit unsittlich.
»Du willst gar keine Couch aus deinem Bett machen«, sagte er,
»sondern einen Pfuhl, und ich weiß sogar für wen, nämlich für
dich und für meine Frau! Du wirst doch nicht etwa annehmen,
daß ich damit einverstanden bin!!« – »Das ist ja die Höhe«, rief
ich, »ich kenne doch deine Frau gar nicht!!« – »So«, bellte er
wütend, »warum hast du denn mit ihr telefoniert, wenn du sie
überhaupt nicht kennst?« – »Ich habe nicht mit ihr telefoniert!
Wie kommst du denn darauf?«
Emil holte tief Atem und verkündete: »Sie hat mir gesagt, ich
soll dich anrufen. Woher wüßte sie das denn, wenn du nicht
sie angerufen hättest?! Oder warst du etwa bei ihr?? Schleichst
wohl den ganzen Tag um unser Haus herum, um ausfindig zu
machen, wann ich mal fortgehe, was?? Heraus mit der Sprache jetzt, mein Teuerster! Warst du bei ihr oder nicht!?!«
Da wurde es mir zu bunt. »Jetzt halte aber mal die Luft an,
Emil«, sagte ich. »Allerdings habe ich deiner Frau per Telefon
gesagt, daß ich deinen Anruf erwarte. Aber bei ihr war ich
nicht – sonst hätte mich doch deine Katze angefallen, nicht
wahr?« – »Welche Katze?« fragte Emil, »... ach so, die Katze.
Richtig. Also gut, ich will noch mal gute Miene zum bösen
Spiel machen.« Er knurrte grimmig.
»Nun wollen wir aber mit dem Gerede aufhören, Kinder«, schlug
ich vor, »schließlich ist morgen Silvester. Wir fahren am besten
jetzt mal alle gleich zu mir und richten den Laden ein.«
Gesagt, getan. Es war schon am späten Abend des 30. Dezember, als wir eintrafen und sogleich, trotz Emils Knurren, das
eine Bett auf den Dachboden transportierten und das andere
in einen, wie er sagte, »Sündenpfuhl der Bourgeoisie« verwan-
delten. Den Rest der Nacht verbrachten wir damit, das Bücher-

Der Dresdner Für-
stenzug soll erwei-
tert werden zu
Ehren der heraus-
ragenden Partei-
führer:
Wilhelm der Sanf-
te, Walter der Ver-
knöcherte, Erich
der Aufsteigende.

spind auszuräumen und daraus eine improvisierte Hausbar zu machen, die Teppiche aufzurollen, aus dem Schallplattenschrank die Platten mit Tanzmusik herauszusuchen und teilweise zu zerbrechen, im Keller Altpapier zu suchen und daraus in der Küche Konfetti herzustellen. Als der Morgen graute hatten wir etwa anderthalb Zentner Konfetti produziert und stärkten uns mit einem reichlichen Frühstück, wobei all der gute Kaffee draufging, den ich mir für den Neujahrsmorgen gekauft hatte.

Im Anschluß daran teilten wir uns in zwei Brigaden, welche die verschiedenen Einkäufe zu machen hatten. Gegen Mittag kamen wir, reich mit Flaschen, Bockwürsten, Papierschlangen, Brötchen, Aufschnitt und Mayonnaise beladen, wieder zusammen. Nun wurde in der Küche das kalte Büfett vorbereitet. Es war, gelinde gesagt, die größte Schweinerei, welche diese Küche jemals erlebt hat. Nachdem wir sämtliche Brötchen belegt und sämtliche Kartoffeln zu Salat verarbeitet hatten, gab es in der ganzen Wohnung keinen einzigen sauberen Teller mehr und keinen einzigen sauberen Löffel. »Das macht nichts«, sagte ich, »was meint ihr, wie sich die Damen freuen, wenn sie sehen, daß wir ihnen die Hausfrauenpflichten abgenommen haben! Bloß abwaschen müssen wir noch.« Wir taten es in der Art und Weise, in der harte Männer mit widerspenstigem Geschirr verkehren: was sich nicht freiwillig abwaschen ließ, wurde zertrümmert und fand den Weg in den Mülleimer.

Als solchermaßen der Anschein einer häuslichen Ordnung, wenn auch nur für den flüchtigen Beobachter, wiederhergestellt war, gingen wir in die Stube und fertigten aus Karton und mit Ölkreide Wandbilder. Felix und Willi fanden diese Wandbilder ausgesprochen amüsant; Emil meinte, sie wären unanständig, und mir kamen sie ziemlich langweilig vor.

Als alles fertig war, nahmen wir einen Probeschluck – um bei der Ankunft der Damen schon ein wenig in Stimmung zu sein. Wie üblich, verspäteten sich die Damen, was uns zu weiteren Probeschlucken Gelegenheit gab. Durst, wenn ihm stattgegeben wird, kann ermüden.

Als uns die Frauen endlich wach kriegten, nachdem sie die Tür von einem Schlosser hatten öffnen lassen, schien die freundliche Sonne des Neujahrsmorgens auf den Sündenpfuhl der Bourgeoisie, den ich brüderlich mit Emil teilte. Willi hatte sich in einen Teppich gerollt. Und Felix, stilvoll wie immer, schnarchte an seinem Lieblingsplätzchen vor der Badewanne.

Aber das machte nichts, denn wir hatten auch dort alles gut vorbereitet.

Fragt einer den anderen: »Was ist der Unterschied zwischen einem Stück Holz und einem Parteisekretär?« »Holz arbeitet.«

Rolf Pester

Pfennigkrämerei

Versandhäuser sind ohne Zweifel sehr nützliche Einrichtungen. Man bestellt nach Katalog, und die Ware kommt per Nachnahme ins Haus. In meinem Falle war es ein drehbarer Schaumgummisessel, den ich mir schon lange gewünscht hatte. Der Sessel war längst in meinem Besitz und auf dem vorgeschriebenen Wege bezahlt, als ich eines Tages einen Einschreibebrief erhielt: »Geehrter Herr! Wie wir bei einer Revision feststellen mußten, wurde Ihnen ein Sessel, Modell ›Ariadne‹, zum Preis von M 422,80 verkauft und angeliefert, auf dem Nachnahmebescheid jedoch irrtümlich zum Preis von M 422,79 berechnet.

Wir bitten Sie, den Differenzbetrag in Höhe von M 0,01 umgehend an uns zu überweisen. Hochachtungsvoll ...«

Ich gestehe, daß mich dieses Schreiben zunächst außergewöhnlich erheiterte. Doch nach

längerer Überlegung gelangte ich zu der durchaus richtigen Erkenntnis, daß gerade in finanziellen Dingen ein bestimmtes Maß an Gewissenhaftigkeit nicht zu umgehen sei, und so begab ich mich gleich am nächsten Tag zum Postamt. Ich hielt es für erforderlich, am Schalter folgende Erklärung abzugeben: »Ich bitte Sie, mein Anliegen nicht als schlechten Scherz aufzufassen ...«

»Worum handelt es sich?« unterbrach mich der Mann hinter dem Schalter ungeduldig.

Ich holte tief Luft und sagte: »Ich möchte eine Überweisung vornehmen. Der Betrag ist allerdings, ahem, kaum der Rede wert.«

»Wie hoch ist er denn?« wollte der Mann wissen.

»Ei ... ein Pfennig«, sagte ich errötend. Einige Leute hinter mir lachten. Doch der Mann schob mir gleichmütig ein rotes Formular zu und sprach: »Dann füllen Sie erst mal diese Anweisung aus. Sie kostet einen Pfennig. Die Überweisungsgebühr beträgt 20 Pfennig. Zusammen mit Ihrer Überweisungssumme macht das insgesamt 22 Pfennig.«

»Wie«, sagte ich, »für diese lächerliche Summe wollen Sie Gebühren? Es handelt sich doch nur um einen einzigen Pfennig!«

»Tut nichts zur Sache«, entgegnete der Mann ungerührt. »Für

Beträge bis zehn Mark beträgt die Gebühr zwanzig Pfennig.«
»Das ist ja ungeheuerlich«, rief ich erregt. »Sie erwarten doch
nicht, daß ich an Gebühren das Einundzwanzigfache des Betra-
ges bezahle! Würden Sie das vielleicht an meiner Stelle tun?«
»Ich bin noch nie in die Verlegenheit gekommen, Beträge in dieser Höhe einzahlen zu müssen«, versetzte er achselzuckend.
Jetzt lachten noch mehr Leute. Ich rannte mit hochrotem Kopf
davon. Daheim setzte ich mich auf die Couch und dachte nach.
Dieser Weg, meine Schuld zu begleichen, war mir also ver-
sperrt. Schließlich hat jeder Mensch Grundsätze. Die Möglichkeit, den Pfennig persönlich zu überbringen, kam gleich gar
nicht in Betracht; besagtes Versandhaus befand sich in einer
weit entfernten Stadt. Dieser lächerliche Schuldbetrag zog mit
mathematischer Sicherheit in jedem Falle das Vielfache an Ko-
sten nach sich. Da ich als prinzipienfester Mensch entschlossen war, lediglich meine Schuld zu begleichen, würde ich sie
folglich nie begleichen können. Ich sprach mit vielen Menschen
darüber, doch niemand begriff mich. Selbst mein Freund Boh-
nekamp nicht. »Du hast einen Vogel«, erklärte er kaltherzig.
»Bezahle die paar Pfennig Überweisungsgebühr, und alles ist
erledigt!« – »Kommt nicht in Frage«, sagte ich hartnäckig. »Ver-
stehst du denn nicht, daß es gar nicht um die lumpigen paar
Pfennig, sondern ausschließlich um das nackte Prinzip geht?«
Nein, er verstand mich nicht. Ich blieb mit meinem Pfennig
allein auf weiter Flur. Wenn mir wenigstens die Möglichkeit
verblieben wäre, dem Versandhaus zu schreiben! Doch selbst
die einfachste Postkarte hätte mich zehn Pfennig gekostet.
Mit fortschreitender Zeit begann sich mein Gewissen zu beruhigen. Was konnte mir denn schon viel passieren? Nun gut, sie
würden mir Mahnbriefe senden, später vielleicht sogar Ver-
zugszinsen berechnen – was mich angesichts des Schuldbetrages wenig schreckte. Es wäre auch denkbar, daß man mir den
Gerichtsvollzieher auf den Hals schicken würde. In diesem
Falle wäre ich eisern und ließe ihn zur Pfändung schreiten. Ich
kenne in meinem Haushalt kaum einen Gegenstand, dessen
Taxwert dem Pfändungsbetrag entspräche. Ein Briefumschlag
vielleicht, ein paar Stecknadeln, ein Flaschenkorken oder eini-
ge Streichhölzer. Bliebe noch die letzte und unerfreulichste
Möglichkeit. In manchen Gerichtsbeschlüssen heißt es lako-
nisch: »Hundert Mark Geldstrafe oder ersatzweise zwei Tage
Haft.« Doch nicht einmal das schreckt mich. Die Höhe meines
Schuldbetrages käme einem Freispruch gleich. Denn die paar
Sekunden, die ich sitzen müßte, würden kaum den Weg zur
Haftanstalt lohnen.

In Bautzen ist ein neuer Gefägnisdirektor eingesetzt. Er sucht eine Zelle mit drei Gefangenen auf und fragt den ersten:
»Warum sind Sie eingesperrt?«
»Ich habe Soll und Haben verwechselt.«
»Aha, also Buchhalter gewesen.«
Er fragt den zweiten. Der sagt: »Ich habe mein und dein verwechselt.«
»Also ein Ladendieb, ja? Und warum hat man Sie eingesperrt?« fragt er den dritten.
»Ich habe hat und ist verwechselt. Ich habe nicht gesagt, der Generalsekretär hat ein A…loch, sondern …!«

3. Kapitel

Lernen, lernen, nochmals lernen

Als wir Schüler und Pioniere waren

1971 gibt es in der DDR **7 037 Schulen**, darunter 544 Sonder-
schulen und 295 Erweiterte Oberschulen. **144 573 Lehrer**
unterrichten **2 707 000 Schüler**. Bis zur vierten Klasse können
Schüler eine kostenfreie Ganztagsbetreuung im Schulhort in
Anspruch nehmen; 1971 trifft das auf rund 600 000 Kinder
zu. Im einheitlichen sozialistischen Bildungssystem fallen auch
die **Kindergärten** in die Verantwortlichkeit des Ministeriums
für Volksbildung. Die 1971 existierenden 11 227 Einrichtungen
der Vorschulerziehung werden von 642 000 Kindern im
Alter von drei bis sechs Jahren besucht. Der brave Schüler
Ottokar hat Kindergarten und Hort längst hinter sich gelassen.
Doch während er verständnisvoll auf die Kleinen herabblickt,
ist er im Kreise seiner Freunde dabei, ein **Freizeitgeschehen**
zu organisieren, das bei Eltern und Lehrern nicht unbedingt
auf Zustimmung stößt. Ulrich Speitel erzählt von den unter-
schiedlichen Vorstellungen der Familien, wenn es um das
Wohl der Kinder geht. Peter Ensikat wiederum wendet sich
den »Früchten« des **VII. Pädagogischen Kongresses** zu,
der 1970 stattfand, und kommentiert: »Nicht alle sind abgeerntet, manche eingefroren«.

Ottokar Domma

Wo wir unser Freizeit-geschehen durchführen

In unserer Sprache gibt es viele Wörter, von denen man nicht genau weiß, wie sie entstanden sind. Nehmen wir einmal das Wort Schulhort. Schule ist puppenleicht zu erklären, das kommt aus dem lateinischen Mittelalter. Schwieriger ist schon das Wort Hort. Als ich meinen Vater danach fragte, antwortete er, ich soll nicht denken, daß ich ihn verschaukeln kann; denn ich war selbst vier Jahre im Hort und muß es deshalb wissen. Ein Hort ist eben ein Hort, na!

Meine Mutter hat es ein bißchen besser erklärt und sprach: »Aber Junge, das ist doch so eine schöne Einrichtung. Wenn wir keinen Hort hätten, könnten viele Mütter nicht zur Arbeit gehen.« Und sie sagte, daß ich das ja alles weiß, und ich will sie bloß auf die Probe stellen.

Auch mit meinem Freund Harald unterhielt ich mich darüber. Er antwortete: »Der Hort war langweilig. Dauernd muß man sich dort die Hände waschen und darf nicht pfeifen oder schreien und überhaupt.«

Weil mein Freund Harald auch nicht sagen konnte, wo das Wort Hort herkommt, schaute ich im Duden nach. Dort steht auch nur Hort, aber darunter kam gleich das abgeleitete Verb, nämlich horten. Horten heißt soviel wie anhäufen oder hamstern. Jetzt war es ganz leicht zu erklären. Ein Hortner oder Hamster hamstert in seinem Bau Eicheln, Nüsse und andere Fressalien, und zwar mehr, als er braucht.

Manchmal kann sich ein Hamster gar nicht mehr umdrehen. Im Hort ist es genauso, nur mit dem Unterschied, daß dort Kinder gehortet werden. Und es ist meistens ganz schön voll in so einem Hort. Weil die Kinder keine Fressalien sind, sondern würdige Menschen, nennt man die Bewacher nicht Kinderhamsterer, sondern Hortnerinnen.

Darum kann man zusammenfassen: Der Schulhort ist ein Bau, in welchem die Kinder von arbeitsamen Frauen und Jungfrauen gehortet werden.

Aber gleich gibt es ein neues Rätsel, nämlich wieso es dort nur Hortnerinnen und keine Hortner gibt? Mein Vater meinte, das hängt mit der Natur zusammen. Die Hortnerinnen sind Frauen, und die können besser mit Kindern umgehen. Ich antwortete, das kann schon sein, aber unser Herr Burschelmann geht auch ganz schön mit uns um, und man kann nicht sagen, daß er schlechter fertig wird als eine Hortnerin. Im Gegenteil. Mein Vater entgegnete, es ist eben so eingerichtet, und jetzt hat er keine Zeit, ich soll die Mutter weiterfragen.

Meine Mutter antwortete, daß es schon richtig ist. Ein Hortner würde nicht alles so sehen, zum Beispiel, daß es die Kinder gemütlich haben und sauber und Milch oder Essen bekommen. Und ich soll nur daren denken, wieviel Teller kaputtgehen, wenn der Vater einmal Geschirr abwäscht. Ich entgegnete, das kann schon sein, aber unser Geschirr im Hort kann gar nicht zertöppert werden, weil es Blechschüsseln sind. Und meine Schwester muß jetzt immer noch daraus essen. Meine Mutter seufzte und sprach, ich muß dauernd das letzte Wort haben.

Mein Freund Harald dagegen erwiderte, Blechschüsseln sind gar nicht schlecht, aber warum es bloß Hortnerinnen gibt, war in Biologie noch nicht dran. Wahrscheinlich hat das wirklich was mit Essen und Aufräumen und Sauberkeit und so was zu tun. Und er kann sich nicht denken, wie es aussieht, wenn der Herr Burschelmann ein Hortner wäre und eine Schürze umhat und schreit: Jetzt müssen alle Hortkinder Schularbeiten machen, aber dalli! Ich gab dem Harald recht und entgegnete, daß es ein Glück ist, wenn es nur mütterliche Hortnerinnen gibt. Sie sind nicht so streng bei der Beaufsichtigung der Schularbeiten wie unser Herr Burschelmann, und sie glauben den gehorteten Kindern, wenn sie sagen: Wir sind schon fertig, und alles ist richtig.

Darum kann man sagen: Der Schulhort ist ein Bau, in welchem die Kinder von arbeitsamen Frauen gehortet werden.

Darum kann man wieder zusammenfassen: Die Hortnerinnen können mit kleinen Kindern besser umgehen und können kochen und waschen und Nasen putzen und sind überhaupt gütiger und nachgiebiger.

Wie ich noch ein bißchen darüber nachgedacht habe, fiel mir ein, warum nur die jüngeren Schüler gehortet werden und nicht wir älteren. Und es gibt eine Erklärung, nämlich diese: Man darf die älteren Kinder nicht verwöhnen. Deshalb müssen sie schon von der 4. Klasse ab hinaus ins stürmische Leben und allerhand Proben bestehen. Man muß das an ein paar Beispielen erklären.

Wenn ich fröhlich nach dem Unterricht nach Hause ziehe und

mir ausdenke, was ich alles anstellen werde, dann liegt plötzlich ein Zettel auf dem Küchenschrank. Darauf steht, was ich
besorgen muß, sagen wir Brot holen, die Schuhe zum Schuster
bringen, Feuer anmachen, Kartoffeln schälen und noch mehr.
Das ist die erste Probe, und sie ist gar nicht so leicht. Als ich

einmal Brot holen wollte, kam ich an der Autoreparaturwerk-
statt von Herrn Scheibe vorbei. Ich dachte, ein höflicher Schüler muß auch einmal guten Tag sagen, und der Herr Scheibe
antwortete, ich komme gerade richtig, und wenn ich will, kann
ich ihm helfen. Ich durfte dann verschiedene Sachen abfetten
und blank reiben, und als ich damit fertig war, hatte der Bäk-
ker zu. Meine Mutter erkannte diese Bewährungsprobe an und
schrie, ich darf gleich ins Bett.

Dazu kann man zusammenfassen: Damit die älteren Schüler sich im Leben bewähren, dürfen sie nicht mehr in den Hort und erhalten den Titel »Selbstversorger«, das heißt, sie müssen sich selbst mit interessanten Beschäftigungen und Bewährungsproben versorgen. Wer das nicht schafft, bleibt ein ganzes Leben lang eine Flasche.

Aber das hat auch Nachteile; denn manchmal ist es am Nachmittag ganz schön langweilig. Auch dafür gibt es ein Beispiel zum Lernen. Als wir einmal nicht wußten, was wir anfangen sollen, sprach der lange Schücht zum Schweine-Sigi, zum Harald und zu mir, wir können ja einmal ins Klubhaus gehen und Tischbillard spielen. Auch spendiert er eine Brause. Als wir aber ins Klubhaus hinein wollten, schrie der Kellner-Franz gleich, wir sollen verduften. Wir redeten noch ein bißchen, aber dann kriegten wir einen Schubs, und draußen waren wir.

Ich sagte zu meinen Freunden, man muß sich deshalb nicht aufregen, und wir können ja dem Kellner-Franz eins auswischen. Das taten wir, indem wir ein Schild malten mit der Inschrift: »Wegen anstekkender Krankheit geschlossen.« Dieses Schild hängten wir ans Gartentor vom Klubhaus und banden es mit einem Strick zu. Es kamen verschiedene Leute, aber sie gingen schnell wieder weg. Auch Schweine-Sigis Vater fluchte ganz schön, wogegen zwei Frauen erzählten, wo sich der Kellner-Franz angesteckt hat. So kam es, daß der Kellner-Franz an diesem Tag sein Soll nicht erfüllte.

Als uns ein Schuft verpetzt hatte, mußten wir beim Herrn Direktor antreten und sagen, wieso wir darauf kamen. Wir erklärten es ihm, und als seine Predigt vorbei war, rief er, das kommt vor die Elternversammlung, und wir waren entlassen. Auf der Elternversammlung hat man uns unfugtreibende Knaben beschimpft – und dann beschlossen, das Klubhaus auch zu einem Schulklub umzuwandeln.

Deshalb kann man zusammenfassen: Für die kleineren Kinder gibt es Horte, für die größeren Schulklubs, für die Eltern Gaststätten und andere Kneipen und für den ekelhaften Kellner Franz eine Lehre, nämlich die: Auch Pioniere sind entwickelte menschliche Persönlichkeiten, und man muß ihr Freizeitgeschehen beachten. Darum: Seid bereit!

Eulenspiegeleien

DÁV Jugendgewässer

Erwachsene Angeln verboten!

Silvesterknallerei

Hoyerswerda. Die Volkspolizei bittet alle Bürger, Silvester mit pyrotechnischen Erzeugnissen äußerst vorsichtig umzugehen. Die Feuerwerkskörper dürfen in der Zeit vom 31. Dezember, 16.00 Uhr, bis 1. Januar, 8.00 Uhr, nur im Freien abgebrannt werden. Jugendliche unter 16 Jahren müssen beim Abbrennen unter Aufsicht stehen.

Treffen mit Freunden

LIMBACH-OBERFROHNA. Vor Tagen lud unsere Klasse fünf Komsomolzen in die neue Schule ein. Nach einer Besichtigung des Gebäudes unterhielten wir uns mit unseren Gästen bei Gepäck und Tee.

Timurzeit ist immer

»Und merk dir, du Rotzlöffel: Achte das Alter, verdammt noch mal!«

„In Biologie bist au schon ganz gut!"

Im Unterricht wird das Thema Energiesparen behandelt. Fritzchen zählt auf, welche Energiesparmaßnahmen zu Hause getroffen worden sind.

»Heizofen, Kühlschrank auf schwach gestellt, im Korridor kein Licht, im Wohnzimmer eine 15-Watt-Birne, nur das Westfernsehen läuft Tag und Nacht auf vollen Touren. Die sollen doch sehen, wie sie mit ihrem Energieproblem fertig werden!«

Ulrich Speitel

Die Jugendweihe
auf unserer Klitsche

Die Nachbarn haben Feuerholz für drei Winter im Stall, und ihr
Vorrat in Keller und Räucherkammer widersteht Mißernten
jeder Art; die Unterbekleidung reicht auf Lebenszeit, die Bett-
wäsche bis ins dritte und vierte Glied und der Obstwein für ein
Schock hochprozentiger Räusche – ja, es sind vorsorgliche
Leute, die Nachbarn.

Mit den Vorbereitungen für die Jugendweihe hoben sie um die
Frühjahrszeit an, ein reichliches Jahr vor der Feier. Da setzte
die Nachbarin eine überplanmäßige Glucke, und die Kücken
hatten zwölf Monate Zeit, zu appetitlichen Suppenhühnern her-
anzureifen und nebenher einige hundert Jugendweiheeier zu
legen. Im Frühsommer weckten die Nachbarn Kirschen und
Erdbeeren ein, klapperten die Gegend nach Spargel ab und
nahmen die Verhandlungen wegen der Aale
auf. Aber der Fischer war alt geworden, hatte
die Aalfängerei peu à peu an den Nagel gehängt, und so trat der Nachbar kurzerhand
dem Anglerverein bei und nahm die Aale sel-
ber aufs Korn. Mit der Angel verfehlte er sie, es gelang ihm jedoch, ausgepichteren Anglern zwei Dutzend Aale zu einem
Doppelpreis abzuhandeln.

Wir hatten auch einen Weihling, den Sohn, aber Festvorberei-
tungen trafen wir keine.

Die Nachbarn stallten zum Herbst noch ein Schweinchen ein,
überwinterten zahlreiche Gänse und Puten, denn drei Sorten
Fleisch war das mindeste, was den Gästen serviert werden
sollte. Ein Kalb blieb mit Mühe am Leben. Allmählich begannen die Nachbarn auch mit den Einkäufen. Heute ein Fläschchen Weinbrand-Verschnitt, morgen ein Pullchen Eierlikör,
auch Kaffee wurde schon reichlich eingelagert – für alle Ge-
schmäcker das Feinste. Für unsern Weihling unternahmen wir
immer noch nichts, und das brachte uns in den Ruf einer gewissen unverantwortlichen Leichtfertigkeit.

Über Winter grübelten sich die Nachbarn ihre komplette
Verwandtschaft zusammen, und da es Scheidungsfälle und
voreheliche Kinder gegeben hatte, war es zuweilen schwierig,

herauszufinden, ob man mit diesem noch und mit jenem schon verwandt war. Am Ende kamen fünfundfünfzig Verwandte zusammen, die Kinder nicht mitgerechnet, und alle hatten ein Recht, den Schritt der Nachbarstochter aus dem Reich der Kindheit ins Reich der Erwachsenen frischfröhlich zu begleiten.

Die Nachbarin trieb bei Freunden zusätzliche Schlafstellen auf, denn die Verwandtschaft reiste aus allen vier Winden an, sogar über Ländergrenzen, wie Tante Emma, die kam aus Landsberg am Lech und brachte, nebenbei gesagt, als Weihegeschenk einen komfortablen BH mit. Wer ein Bett hergab, erwarb sich ebenfalls das Recht auf die Jugendweihe, so daß an neunzig Leute zusammenkamen.

»Ein neuer Lebensabschnitt hat begonnen. Nun bist du groß und erwachsen. Die Welt steht dir offen. Morgen schon wirst du Verantwortung tragen. Merk dir das, du Döshammel!«

Die Nachbarn stellten probeweise Tische und Stühle auf. »Eng«, sagte die Nachbarin.

»Aber gemütlich!« sagte der Nachbar. Um die Gemütlichkeit noch etwas anzukurbeln, gab er bei Müller-Stolzenfeld, dem Heimatpoeten, eine Festschrift mit allerhand Jux und Dollerei in Auftrag.

Wir hatten inzwischen so gut wie keinen Finger gerührt, wenn wir mal von einer Postkarte absehen, mit der wir in Weimar zwei Zimmer bestellt hatten.

Die Nachbarn wurden allmählich unruhig, weil es bei uns so ruhig zuging. Und während sie im Frühjahr das Haus auf den Kopf stellten, die Pinsel schwangen und die Stuben mit neuen Rosentapeten beklebten, beobachteten sie mißtrauisch unser rätselhaftes Verhalten.

Als die Trecker dem Nachbarn Tische und Stühle aus den umliegenden Kneipen heranrollten, Schüsseln und Teller, Bier und Bestecks, hielt es die Nachbarin nicht mehr aus. Sie begann uns mit gutem Rat zu versorgen. Das wäre nun ihre zweite Jugendweihe, sagte sie, und sie hätte ihre Erfahrungen. Mit der ersten, die sie – zu spät, viel zu spät! – ab Neujahr in Arbeit genommen habe, sei sie mächtig in die Bredouille geraten, das Fleisch sei zäh, der Pudding zu süß, die Bowle zu sauer geraten, und überhaupt habe sie vor lauter Schererei kein Land mehr gesehn. Wenn sie uns aus ihrem Erfahrungsschatz einen Tip geben dürfe, so könne eine Jugendweihe überhaupt nicht früh genug in Angriff genommen werden, am besten von der Kindtaufe an.

Als wir bescheiden erwiderten, daß unsre Vorbereitungen lange beendet seien, blieb der Nachbarin vor Verblüffung der Mund offen. Einen Moment wußte sie nicht, ob wir uns einen kecken Scherz erlaubten, aber dann sah sie unsre ernsten Gesichter und sagte erschüttert: »Ihr feiert nicht! Ihr feiert die Weihe nicht?«

Die Nerven der Nachbarin geraten leicht aus den Fugen, denn sie hat zwei Kinder und etliches Vieh um die Ohren, wir wollten sie also beruhigen und sagten rasch, wir würden in Weimar feiern.

»In Weimar?« Die Nachbarin schnappte nach Luft und verfärbte sich blaß. »Na ja«, sagte sie schnippisch, »wer Geld hat wie Heu, der kann mit der ganzen Mischpoke natürlich bis Bratsk reisen! Wieviel Busse braucht ihr da – zwei oder drei?«

Unsern Trabant sagten wir. Vier Personen: die Eltern, der Sohn und sein bester Freund ...

»Nein!« schrie die Nachbarin auf, sah uns an wie zwei Sittenstrolche, und von Entsetzen gepackt, lief sie weg. Was für eine Jugendweihe wir vorhatten, sprach sich mit einer Geschwindigkeit herum, die sonst nur im Kosmos erreicht wird. Ernsthafte Leute wollten uns einen Kredit bis zu dreitausend Mark einräumen, das sei erfahrungsgemäß etwa die Summe, die für eine halbwegs feudale Jugendweihe verpulvert würde. Wir gedachten mit etwas weniger auszukommen und galten hinfort als lausige Rabeneltern.

Sie sahen das arme Kind aus mindestens tausend Kilometer Höhe in die Tiefe stürzen.

Es hieß, wir wollten dem Sohn das schönste Jugenderlebnis rauben, und was sei schon ein Goethe gegen Onkel Emil? Der Mann hatte gedichtet, na schön. »Edel säuft der Mensch« und so weiter. »Wer nicht liebt Wein, Weib und Gesang, der bleibt ein Trottel sein Leben lang!« – ganz nett, aber das mußte einem doch nicht erst ein gewisser Schiller sagen, das sangen ja seinerzeit schon die alten Germanen zu beiden Seiten des Rheins, und dann tranken sie immer noch eins, da kam man im praktischen Leben von ganz alleine dahinter. Aber mal eine Gegenfrage: Konnte dieser Goethe oder Schiller vielleicht ein Ei aus der Hose zaubern, wohlgemerkt: nicht aus der Nase! Siehst du, mein lieber Spitz, da fängt die Kunst nämlich an! Und Onkel Emil beherrscht sie.

Wir wollten nicht auch noch als streitsüchtig gelten und redeten vom Theater, von der Schönheit der Stadt und daß wir auf dem Hinweg den Naumburger Dom besichtigen würden.

Den was? Einen Dom? Der Weihling an seinem Ehrentage in einem Dom! Und wir als Genossen!

Uns half keine Baukunst und keine Uta, wir mußten sehn, daß wir in den Augen der Nachbarn nicht das letzte Ansehen verloren, und sagten eilig: »Und zurück werden sie fliegen. Von Erfurt bis Berlin werden sie fliegen!«

»Das arme Kind!« sagten die Nachbarn erschüttert. Sie sahen das arme Kind aus mindestens tausend Kilometer Höhe hilflos in die Tiefe stürzen, schenkten uns keinen Blick mehr und gaben sich emsig den letzten Präparationen hin.

Als wir aus Weimar zurückkamen, scholl vom Nachbarn ungeheurer Gesang durch die Nacht. Die Nachfeier wogte durch alle Räume. Der Nachbar hatte unsere Rückkehr bemerkt, war versöhnlich gestimmt und zwang uns, ihm kurz die Ehre zu geben. Wir sollten nur sehen, sagte er bescheiden, was zu einer soliden Weihe gehöre.

Es gehörten drei Weinbrände mit Schwarzwälder Kirschtorte dazu, weiter kamen wir nicht, weil wir der Nachbarstochter sagten, daß sie gewiß einen schönen Ehrentag gehabt habe, und die Nachbarstochter sah die alkoholisch gelockerten Leute an, verzog ihr Gesicht und wollte was sagen, da kam ihr Vater dazwischen. »Stopp mal!« sagte er und sah seine Tochter mißtrauisch an. »Kaum die Weihe gehabt und womöglich schon eine Lippe riskieren!«

»Ich wollt doch bloß sagen«, sagte die Tochter, »für dreitausend Mark, da kann man bis Ungarn oder Bulgarien fliegen …«

»So!« schnaufte der Nachbar verärgert. »Dafür fliegst du erst mal ins Bett!« Und außerdem sagte er, diesmal zu uns, von gewissen Leuten würden hier neuerdings die schönsten Sitten verdorben.

Nun, wir sind es gewöhnt, alles mögliche auf uns zu nehmen, aber dieser Vorwurf war unberechtigt. Noch am frühen Morgen war beim Nachbarn vielstimmig zu hören, daß der schönste Platz noch immer an der Theke sei, und außerdem: Die Vorbereitungen für die nächsten Jugendweihen sind rundum schon wieder im Gange.

Peter Ensikat

... *Lehrer sein, dagegen sehr*

Moderator: Guten Abend, liebe Prisma-Freunde, auch unsere heutige Sendung steht wieder unter dem Motto: Es werden hier und da noch Unterlassungssünden begangen; aber nur kleine. Der VII. Pädagogische Kongreß ist vorbei. Aber noch sind nicht alle seine Früchte abgeerntet. Einige sind eingefrostet. Die wird man dann beim nächsten Kongreß wieder taufrisch auf den Tisch bringen. Einige Früchtchen haben wir ins Studio geladen und wollen ihnen die Frage stellen: Wie seht ihr eure Lehrer?

Benjamin: Manchma jerne, manchma nich so.

Moderator: Nun ja, natürlich, aber was meint ihr, wie eure Lehrer sind?

Benjamin: Glücklich!

Moderator: Und wieso sind sie glücklich?

Kinder: *Achselzucken*

Moderator: Weil sie einen schönen abwechslungsreichen Beruf haben.

Benjamin: Na klar! Und das kommt daher, weil wir meistens Lehrerinnen haben, die manchmal 'n Kind kriegen. Und dann können die anderen Lehrer Deutsch, Russisch, Erdkunde, Bio und Turnen mit übernehmen, und so ist denn gleich ihre Freizeit sinnvoll ausgelastet und die brauchen sich keinen Fernseher zu kaufen.

Moderator: Nun ja, das großzügige Gesetz zum Schutze von Mutter und Kind ist vorbildlich. Das hast du doch sicher gemeint; aber bleiben wir bei unsern Lehrern. Warum ist ihr Beruf abwechslungsreich?

Sabine: Wenn unsere Putzfrauen mal krank sind oder keine Prämie gekriegt haben, dürfen unsere Lehrer früh aufstehen und putzen, was sie besonders glücklich macht, denn Frühaufsteher sind besonders glücklich.

Klaus-Dieter: Und klempnern können unsere Lehrer jetzt auch, weil unsere Schule eine alte ist, und sie haben den Klempnersohn sitzen lassen und jetzt läßt sie der Klempner sitzen. So können unsere Lehrer immer noch dazulernen, was sie glücklich macht, sowie beweisen, daß sie keine Sesselfurzer sind.

Benjamin: Auch eignen sie sich für viele Funktionen, mit derer Erfüllung sie den ganzen Nachmittag ausfüllen können, denn

Im Parteilehrjahr wird über die Entwicklung des Sozialismus zum Kommunismus debattiert. Der Parteisekretär sagt: »Unbeirrt, Genossinnen und Genossen, marschieren wir auf dem Weg zum Kommunismus fort!«
Da ruft jemand dazwischen: »Macht Schluß, ich habe Hunger!«
Daraufhin der Parteisekretär: »Maul halten, Genosse! Unterwegs wird nicht gegessen!«

vierzig Aufsätze korrigieren zählt ja nicht; aber wir müssen sie schreiben.

Sabine: Am glücklichsten sind unsere Lehrer, wenn sie noch pionierleitern dürfen und dann mit uns in die Ferienspiele fahren. Und da können sie uns richtig kennenlernen, denn meine Mutter sagte auch immer: tob dich da mal richtig aus. Da darfste alles, was du zu Hause nicht darfst. Und wenn wir glücklich sind, haben auch unsere Lehrer glücklich zu sein.

Benjamin: Und wenn die Ferienspiele vorbei sind, werden die Lehrer auch nicht dem Selbstlauf überlassen. Sie sitzen dann zusammen und denken sich aus, womit sie uns im nächsten Jahr kommen können.

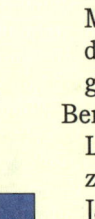

MITGLIEDSKARTE
für Jungpioniere

Sabine: Und dann besuchen sie Lehrgänge, wo sie selber was lernen müssen und am eigenen Leibe erfahren, wie das ist, wenn man immer lernen muß wie wir. Aber unsere Lehrer macht das glücklich, weil sie ja zu uns immer sagen, wir sollen glücklich sein, weil wir so viel lernen dürfen.

Moderator: Ich glaube, diese Beispiele genügen, obwohl ich etwas mißverstanden wurde; aber der Beruf hat doch noch andere Vorteile: eure Lehrer lernen viele Menschen kennen, zum Beispiel eure Eltern.

Sabine: Und wie sie die kennenlernen, besonders, wenn sie uns schlechte Noten geben.

Benjamin: Da lernen sie auch gleich noch den Schulrat kennen, weil die Lehrer ja selber schuld sind, wenn wir faul oder dumm sind, was nicht in eine gebildete Nation reinpaßt.

Klaus-Dieter: Überhaupt müssen unsere Lehrer mit manchen Eltern können, mit denen sonst niemand kann, zum Beispiel mit meinem Vater. Der hat unsern Klassenlehrer mal gefragt: Wissen Sie, was Sie mich können. Und da hat der selber gesagt, ja ich weiß, wir Lehrer müssen alles können.

Moderator: Nun ja, unsere Lehrer müssen eben allseitig gebildete Persönlichkeiten sein. Nun habt ihr aber nicht nur Lehrer, sondern auch Lehrerinnen. Nun Klaus-Dieter, was hast du denn darüber zu sagen?

Klaus-Dieter: Lehrerinnen muß man ehren,
weil die können sich nicht wehren,
wenn wir ihren Stuhl ansägen,
oder Stolperleinen legen,
wo dann jeder sehen kann,
die hat rosa Schlüpper an…

Moderator *unterbricht rasch:* Nun, ich glaube, die Details können wir uns schenken. Jedenfalls haben unsere Zuschauer sicher bemerkt, daß ihr alle eure glücklichen Lehrer liebt und verehrt, wie sich das, nun ja, vielleicht nicht gerade gehört; aber dafür seid ihr ja Kinder. Hören wir nun einmal, was die Erwachsenen sagen. Klaus-Walter Schulz, bitte melden!

Reporter: Ja, meine Damen und Herren, wir befinden uns mit Kamera – natürlich versteckt – und Mikrofon auf unserer schönen, belebten Karl-Marx-Allee. Ach, und da kommt auch schon ein Passant angeströmt. Verzeihen Sie, was halten Sie denn von den Lehrern?

Junger Mann: Ach Jott, man soll ja nich nachtrarend sein, wa. Außadem, ick war ja bloß acht Jahre da. Aba die armen Schweine ham lebenslänglich.

Reporter: Nun, das war ein etwas unkonventioneller Beweis für die Achtung, die unsern Lehrern entgegengebracht wird. Aber fragen wir weiter. Liebes Fräulein, Sie gehen wohl selbst noch in die Schule?

Junges Mädchen: Ja, in die neunte Klasse.

Reporter: Und was halten Sie von ihren Lehrern?

Junges Mädchen *errötend:* Für mich gibt's nur einen.

Reporter: Vielen Dank. Ja meine Damen und Herren, wer möchte da nicht Lehrer sein? Verzeihung, was halten Sie von den Lehrern?

Seltsamer Mann: Wovon bitte? Ach ja, natürlich … von den Lehrern – viel, sehr viel, meine besten Kunden, ja …

Reporter: Ach, Sie sind Buchhändler?

Seltsamer Mann: Nein, Nervenarzt, ja äh eben Nerven äh …

Reporter: Danke. Unsere Lehrer werden eben von allen Schichten unserer Bevölkerung verehrt. Na, mein Kleiner, was denkst du von deinen Lehrern?

Kleiner Junge: Lehra? Ach, wenn wa uns einig sind, könn die uns ja nischt.

Reporter: Nun ja, Kindermund … Verzeihung, was halten Sie von unsern Lehrern?

Mann: Nich richtig einzuordnen, wa? Zur Arbeiterklasse gehörn se nich, denn eigentlich tun se ja nischt, na und zur Intellijens … Also, wenn sie wirklich intellejent wärn, wärn se ja nicht Lehra, wa?

Reporter: Nun, eine zumindest soziologisch interessante Antwort. Aber fragen wir weiter: Was halten Sie denn von den Lehrern?

Lehrer: Ich? Ich bin selber einer.

Reporter: Was für ein glücklicher Zufall, meine Damen und Herren, am hellen Tage treffen wir mitten auf der Karl-Marx-

Thema des Schulaufsatzes ist das Schwein. Fritzchen schreibt: »Aus Ferkeln werden Schweine, und in der Stadt werden sie gefressen.« Der Lehrer weist Fritzchen drauf hin, daß man nicht »gefressen« sagt. Also korrigiert Fritzchen und liest vor: »… und in der Stadt werden sie genossen.«

Allee einen richtigen Lehrer! Nun, und Sie sind gerne Lehrer?

Lehrer: Ja, ich denke schon.

Reporter: Nun, natürlich sind Sie es gern, verzeihen Sie die dumme Frage. Und weshalb sind Sie es gern?

Lehrer: Ja, das allerdings … also das habe ich mich auch schon mal gefragt!

Alles hat seine Grenzen

Vater (mit erregter Stimme): … größenwahnsinnigen Forderungen. Unsereiner mußte bei roten Rüben und Kartoffelkuchen aufwachsen. Was sind das nur für extreme Kinder heutzutage. Eine trockene Marmeladenschnitte zum Sonntag war Ostern und Weihnachten auf einmal für mich. Mutter hat ihre erste Armbanduhr zur Hochzeit bekommen. Aber er! Seine Eltern kämpfen permanent um die Basis seiner glücklichen Kindheit. Wir lesen ihm jeden Maximalwunsch von den Augen ob. Wir arbeiten für ihn und qualifizieren uns stetig. Aber das geht zu weit! Das ist der Radikalismus in Person.

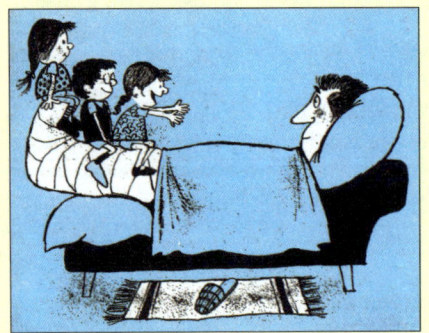

»Prima, Papi, endlich haste mal Zeit für uns!«

Mutter: Mein Gott, mein Gott. Mann! Was schreist du denn so mit dem Jungen herum?

Vater: Das geht zu weit. Dieses geht zu weit. Das ist sogar für mich zuviel.

Mutter: Sprich doch! Sprich, Mann!

Vater: Wir haben ihm das Fahrrad mit Gangschaltung geschenkt. Er besitzt ein Tonbandgerät und eine Schreibmaschine. Er war nicht einmal zufrieden, als er das Moped bekam. Dos Motorboot hat ihm drei Tage lang Freude gemocht. Die Schlaggitarre, das Kofferradio, die Taucherausrüstung – alles liegt in seinem Zimmer rum. Er wird förmlich mit Wohlstand überschüttet. Sogar den Trabant-Kombi mit Hycomatschaltung und Schiebedach hat er bekommen, obwohl er erst in sechs Jahren zum Tragen der Fahrerlaubnis berechtigt ist. Er bekommt und bekommt! Aber dieses geht zu weit. Was zuviel ist, ist zuviel. Und dieses ist es!

Mutter: Um Himmels willen, was will denn der Junge? Sprich. Mann! Sprich!

Vater: Er hat allen Ernstes verlangt, ich solle einmal mit ihm rodeln gehen.

Johannes Conrad

4. Kapitel

Was des Volkes Hände schaffen

Wir Werktätigen in Stadt und Land

Auch wenn die **Gleichberechtigung** von Mann und Frau
gesetzlich verankert ist, kommt es einem Skandal gleich,
was ein gewisser Graffunda – in einer von der DEFA unter
dem Titel »Der Mann, der nach der Oma kam« verfilmten
Geschichte von Renate Holland-Moritz – macht: Er meldet
sich auf eine Annonce und bringt den **Haushalt** von Familie
Piesold auf Vordermann und die Nachbarn zum Tratschen.
Der humorvolle Umgang mit dem Problem der **traditionellen
Rollenverteilung** kommt beim Publikum an, denn das ist
mitten aus dem Leben gegriffen. Ähnlich ist den Lesern die
Situation in der Geschichte von Alfred Schiffers vertraut, in
der **unsere Werktätigen** den Umgang mit dem **Volkseigen-
tum** als Eigentum aller und nach dem Motto »Privat geht
vor Katastrophe« praktizieren. »Ab und zu braucht mein
Bewußtsein mal ein Päuschen«, läßt Manfred Schubert den
prämierten Arbeiter sagen, der sich auf dem Titelfoto einer
Illustrierten und im Mittelpunkt des Interesses findet. Apropos
Mittelpunkt: Dort steht der Mensch! So jedenfalls heißt es in
einer Losung. Nur, fragt Peter Ensikat, wo überall sollen unsere
Menschen denn noch stehen? Im Kampf, auf dem Boden des
Marxismus, in der ersten Reihe, auf Friedenswacht ... Und
überhaupt: Wenn der Mensch im Mittelpunkt steht, wer steht
denn dann drumrum?

Manfred Schubert

Schuß in den Ofen

Ein jüngerer, ganz schön besoffener Herr singt: Wenn das Wasser im Rhein goldner Wein wär ...
So ein Quatsch! Wenn das Wasser im Rhein goldner Wein wär, dann hätten wir in Kaditz die schönste Weinkelterei. Kunst ist überhaupt Quatsch! An allen Zeitungskiosken hängt mein Bild – als Titelfoto auf der Illustrierten. Aber die ganze Nacht habe ich bloß ein Autogramm gegeben: dem Kneiper vom Waldpark, weil ich seinen Kellner in die Salatplatte gesetzt habe.
Zum Pianisten: Nun glotz nicht so! Du siehst aus, als ob du gestern das hohe C versoffen hättest!
Gebn sie dem Mann am Klavier ein paar Bier ins Klavier! Kloppt er sich dann nicht wien Stier mal mit mir, kann er mir ...
Mein Werkleiter ist heute nacht auch unterwegs, inkognito, er hat sein Parteiabzeichen abgemacht. Aber alles im Dienste des Außenhandels! Der probiert gerade ein Messemodell aus. Da wird er wohl nicht so knickrig sein wie bei mir. 20 000 Mark habe ich dem Betrieb eingespart, weil ich in den Ofen gekrochen bin und ihn repariert habe, als er noch kochte. Und was hat mir der Alte gegeben? Die Hand und 200 Mark Prämie: zwei Scheine mit Marx, aber kein Kapital!
Heut versauf ich von der Prämie die Mäuschen, die Mäuschen, die Mäuschen. Ab und zu braucht mein Bewußtsein mal ein Päuschen, die Moral kommt allemal, wenns nicht mehr geht.
Das hat Ede auch gesagt, Ede aus Berlin. Der kam von der Presse und war trotzdem ein hochinteressanter Mensch. Der konnte den Schnaps durch die Nase gießen und dabei Prost sagen. Der hatte aber auch einen Riecher! Wie Zivil von der polnischen Kripo! Der Junge sollte Helden unserer Tage suchen, kam nach Dresden, ging in den bumsvollen »Radeberger Keller« und setzte sich an meinen Tisch – zwei Tage nachdem ich in den Ofen gekrochen war. So eine Heldenfeier habe ich noch nicht mitgemacht! Als wir aufbrachen, gab uns die VP das Ehrengeleit.
Denn wo man trinkt, da laß dich ruhig nieder! Böse Menschen kennen keine Liter.
Wenn ich das Geld nicht schon versoffen hätte, würde ich jetzt 400 Illustrierte kaufen und im Subbotnik die Werkleitung mit meinen Bildern tapezieren: 400 mal ich und einmal Erich Ho-

»Worin besteht der Unterschied zwischen einem ärmellosen Pullover und einem Subbotnik?« »Der ärmellose Pullover ist ein Westover, der Teilnehmer am Subbotnik ein Ost-Doofer.«

necker! Aber denken sie, die Kumpels aus meiner Brigade würden den Spaß verstehen?! Noch ein paar von der Sorte, und die Arbeiter bei Bramsch kriegen keine Jahresendprämie mehr … Aber in den Ofen ist keiner gekrochen! Na ja, die Hitze hält eben bloß einer aus, der schon mal im Sommer in der Herkuleskeule war.

Trink, trink, Brüderlein trink, heut geht der Schnaps uns nicht aus. Trink, trink, Brüderlein trink, laß doch die Alte zu Haus! Die zieht bloß 'ne Fresse und klagt übers Herz. Ist dann das Leben ein Scherz?

Schnapp dir 'ne andre und faß der ans Herz, dann ist das Leben ein Scherz.

Mit der Fotografin wollte ich ja auch erst einen abbeißen. Aber die war so dürr, daß ich dachte, der Fotoapparat wäre auf ein Stativ geschraubt. Und angeguckt hat die mich, als wäre ihr Rock ein Panzerschrank.

Nun denken Sie ja nicht, das, was ich erzähle, stünde in der Zeitung! Als die in den Betrieb kamen, war ich so schrecklich nüchtern, daß ich das selber geglaubt habe, was die über mich schreiben wollten.

Und da zog ich mit Musike, tätärä, in die nächste, Schnapsbudike, tätärä, und die baun die jetzt so groß wie'n Riesensaal, eine wie die andre, alle ganz egal.

So. Und jetzt hau ich meine liebe Frau aus der Falle – die hat genug geschlafen –, damit sie mir einen Kaffee kocht. Dafür kriegt sie einen Arm voll roter Rosen! Und da schmeiß ich nicht etwa bei »Blumen am Altmarkt« die Schaufensterscheibe ein, da latsche ich bis zum Rosengarten! Denn ein Held unserer Tage ehrt die Frauen und achtet das sozialistische Eigentum!

Und wenn Sie das nicht glauben, dann setze ich Ihnen so eine an, daß Sie morgen früh als Unfallfall zum Zahnarzt müssen. Sie Glückspilz! So schnell kommen Sie dort nie wieder dran! Wenn das Wasser im Rhein …

Alfred Schiffers

Ende gut, alles gut

Jeden Abend, wenn Frau Friedel Klaue die Schälküche der Genossenschaft verließ, hatte sie einen kleinen Beutel in der Tasche. Kam sie nach Hause, fing das liebe Schweinchen im warmen Stalle an zu grunzen. Dann öffnete Frau Klaue die Klappe zum Trog, schüttete die sorglich gedämpften Kartoffelschalen aus dem kleinen Beutel hinein und freute sich, wie dem braven Tier die Zusatzkost schmeckte.

Da, wie es immer so schön heißt, niemand bei seiner althergebrachten Leistung stehenbleiben, sondern sich durch Rationalisierung, Qualifizierung und wie die Sachen alle heißen steigern soll, tat auch Frau Klaue das Ihre, um dieser Forderung gerecht zu werden. Mit anderen Worten: Sie nahm fortan einen größeren Beutel. Die Auswirkung lag auf der Hand. Das behagliche Grunzen des privaten Borstenviehs hielt noch länger an, wenn es die abendliche Zusatzkost erhielt. Und seine Gewichtszunahme steigerte sich dementsprechend.

Doch Frau Klaue gab sich auch damit noch nicht zufrieden. Folglich nahm nicht nur die Größe des Beutels zu, sondern auch die Qualität dessen, was in ihm transportiert wurde.

Da nahm das genießerische Grunzen des heimischen Schweinchens, das inzwischen zu einem recht ansehnlichen Schwein herangewachsen war, fast kein Ende mehr. Ja, es ergab sich logischerweise das Problem, die Kartoffeln, restlos zu verwerten. Das stand als scharfe Frage vor Friedel und ihrem Gatten Franz. Man löste sie konsequent. Seitdem grunzen zwei Schweine froh und zufrieden, wenn Friedel mit einem noch größeren Beutel ausgesuchtester Kartoffeln eintrifft und diese in den Trog schüttet.

Durch reinen Zufall kam Friedels Treiben ans Tageslicht. »Positiv an ihr ist allerdings«, sprach der Vorsitzende zu seinen Vorstandskollegen, »daß sie Abend für Abend die letzte ist, die den Laden verläßt. Das zeugt einerseits von einer guten Arbeitseinstellung. Andererseits muß festgestellt werden, daß Friedel zentnerweise Kartoffeln rausschleppte, was als negativ betrachtet werden muß. Ergo werden wir mit der Kollegin sprechen müssen!«

Kürzlich begegnete ich Meier. Er ist Mitglied des Vorstandes. »Nun, Meier«, fragte ich, »wie ist denn das eigentlich mit der Kollegin Klaue gelaufen?«

Unterhalten sich zwei Freunde. »Du«, sagt der eine, »kennst du den Unterschied zwischen einem Handwerker und Walter Ulbricht?« Kopfschütteln. »Ist doch ganz einfach: Der eine kommt nicht, und der andere geht nicht.«

Meier erzählte: »Wir haben mit ihr eine harte Aussprache geführt! Nachdem sie auf frischer Tat ertappt worden war. Friedel hat nichts bestritten. Daraufhin hat der Vorstand einen Beschluß gefaßt. Frau Klaue wurde aus der Schälküche rausgenommen. Jetzt arbeitet sie im Kornspeicher. Vom Frühjahr an will sie übrigens auf eigenen Wunsch auf halbtags gehen.«
»Schafft sie ihren Haushalt nicht mehr?« wollte ich wissen ...
»Das schon«, erwiderte Meier, »aber seitdem ihr Mann in der Schälküche angefangen hat, muß sich ja einer um ihre neue kleine Hühnerfarm kümmern.«

Fauler Trick

Paul, schon übersät mit Orden,
ist als unser bester Mann
wieder Aktivist geworden.
Er ist immer wieder dran.

Paule ist der Stolz der Leitung,
bricht die Normen, bricht den Plan,
Paul steht täglich in der Zeitung,
und die nennt ihn schlicht: Titan.

Wie, so fragen die Experten,
Paule wohl sein Pensum schafft ...
Dann enträtseln die Gelehrten
die geheimnisvolle Kraft:

Simpel ist der Trick und kläglich!
Paule wird mit Recht verlacht.
Es erweist sich, daß er täglich
nichts als seine Arbeit macht.

Ernst Röhl

Manfred Schubert

Die Leiden des jungen Leiters

Wenn die süßen Mädchen locken,
ist ein Leiter übel dran,
steht herum auf heißen Socken,
weil er möchte und nicht kann.
So ergings mir mit Sabine,
sie war wie ein Edelstein,
liebte ihre Fräßmaschine
und den Chef noch obendrein.
Doch bevor etwas passierte,
kam ein Wink von der Partei,
und die Leitung diskutierte
mich von meiner Liebe frei.
Und Sabine litt nicht minder,
bis sie einen andren hatte,
der besaß ein Dutzend Kinder,
krumme Beine und 'ne Platte.
Trotzdem war sie jetzt gescheiter,
keiner machte ein Geschrei,
denn der Neue war kein Leiter
und in einer Blockpartei.

Alles liebt in vollen Zügen
Jedes Jahr im Monat Mai,
geht es zum Betriebsvergnügen,
werden die Gefühle frei.
Da kommt Leben in die Blusen,
jeder Trottel wird zu Hahn,
doch mit mir darf keine schmusen,
lieber nehm ich Baldrian!
Denn ein Leiter hält auf Tugend,
was nützt mir die ganze Pflicht
um die Förderung der Jugend,
wo ich möchte, darf ich nicht.
Alle niederen Gelüste
Können mich nicht mehr bedrängen,
ich bemerke schöne Brüste
nur, wenn Orden daran hängen.
Ja, das Gute in mir macht sich,
tanze ich mal einen Twist,
dann mit Hulda, die ist achtzig
und Verdienter Aktivist.

Trotzdem muß es Sünder geben.
Wären alle Menschen rein,
würden wir wie Engel leben,
und die Dichter gingen ein.
Denn die Dichter brauchen Helden,
die mit stolzgeschwellter Brust
ihre Planerfüllung melden,
klassentreu und staatsbewußt.
Doch wenn so ein Held ganz rein ist,
wirkt er wie ein rotes Tuch,
erst wenn er ein kleines Schwein ist,
greift der Leser zu dem Buch.
Drum erwarten unsre Dichter,
daß wir uns etwas betrügen,
wär'n wir alle Sittenrichter,
würden ja die Dichter lügen!
Nein, es muß stets einen geben,
der in fremden Betten liegt,
dann gestalten sie das Leben,
und der Realismus siegt!

Eulenspiegeleien

Betriebsgelände des
VEB Nema
Betreten u. Befahren
unberechtigt untersagt.
Betriebsdirektor

„Wir berechnen nach Metern, und was 'n Meter is, das müssense uns schon überlassen."

Anfrage an den Sender Jerewan: Gibt es einen Unterschied zwischen Wirbelsäule und Rückgrat?
Antwort: Im Prinzip nein. Aber eine Wirbelsäule hat jeder.

Was uns gefällt

Der LPG Kriela gelang es 1971, die Kälberverluste im Vergleich zu 1970 von 14.7 Prozent auf 30 Prozent zu senken.

Der züchterische Fortschritt wird durch die breite Anwendung der künstlerischen Besamung ständig weiterentwickelt. Die Fütterung er-

Fernsehpressekonferenz zur Neuererverordnung

Berlin (ADN). „Welche neuen Möglichkeiten bietet die neue Neuererverordnung den Neuerern?" Das ist das Thema der Fernsehpressekonferenz, die am Dienstag um 20.00 Uhr vom Fern-

„Warum sägst'n nich elektrisch, Opa?"
„Macht zuviel Krach."
„Du bist doch schwerhörig, Opa."
„Aber der Förster nicht!"

Renate Holland-Moritz

Graffunda räumt auf

I

Wie ist es möglich, daß Frauen charmant, liebenswürdig und
attraktiv bleiben, wo sie doch dem Stumpfsinn täglicher Haus-
arbeit ausgeliefert sind? Warum entfällt bei den feierlichen
Ordensverleihungen nie auch nur die kleinste Medaille auf eine
gewöhnliche Hausfrau? Ich glaube, es liegt daran, daß die
Dekorationen fast immer von Männern vorgenommen werden.
Und welcher Mann hat schon eine Ahnung von dem Unmaß an
Arbeit, das in einem normalen Haushalt täglich bewältigt
werden muß?
Bestenfalls ich.
Ich heiße Graffunda, und jeder, der mich kennt, wird zugeben,
daß ich ein fleißiger und gewissenhafter Mensch bin. Deshalb
hatte ich auch keinerlei Befürchtungen, ich könnte den Posten
eines Hausangestellten etwa nicht ausfüllen.
Seit drei Wochen betreibe ich diesen ungewöhn-
lichen Beruf, und ich muß sagen, ich kann auf
stolze Anfangserfolge zurückblicken. Aber
heute ist so ein Tag, da könnte ich alles hinschmeißen. Lieber
Astronaut sein oder Bergmann oder Perlentaucher als diese
eintönige Plackerei.

> Der Dreijährige probte Chingachgook,
> die große Schlange, und das hätte
> sogar Tote aufgeweckt.

Es fing schon heute morgen an. Auf meinem Plan stand große
Wäsche, wie jeden Freitag. Wir haben nämlich drei Kinder und
zwei Erwachsene im Haus, und die machen allerhand Dreck.
Die Großen, also das Ehepaar und die zwölfjährige Tochter,
waren gerade gegangen, das Wasser in der Waschmaschine
begann zu sieden, da schrie das Baby wie am Spieß. Ich hatte
gehofft, es würde noch ein Stündchen schlafen, aber der Dreijährige probte Chingachgook, die große Schlange, und das hätte
sogar Tote aufgeweckt. Tote schreien wenigstens nicht, dachte ich in einem nie gekannten Anflug von Zynismus und schaltete die Waschmaschine wieder aus.
Haben Sie schon mal einen sechzehnpfündigen Säugling geba-
det und gefüttert, wenn ein wildgewordener Dreijähriger das
Kriegsbeil schwingt? Es erspart jedenfalls einen Gang in die
Sauna.
Als beide endlich satt und beruhigt waren, hatte sich die Lauge
auf Handwärme abgekühlt. Aber ich wäre jetzt auch gar nicht

mehr zum Waschen gekommen, weil uns hintereinander der
Gasmann, der Zeitungsfritze und die Versicherungskassiererin
besuchten. In jedem Büro muß sich jeder Besucher vorher an-
melden. Hausfrauen dürfen ohne Vorwarnung überfallen und
von der Arbeit abgehalten werden. Schließlich gehören sie zur
nichtwerktätigen Bevölkerung.

Mittlerweile schlug die Uhr elf, und ich mußte das Mittagessen vorbereiten. Gemüse, Fleisch, Kartoffeln – alles war vorhanden, nur Salz hatte ich tags zuvor vergessen. Kann ja jedem
mal passieren. Also mußte ich den Dreijährigen suchen. Er
hockte im Garten unter einem Kirschbaum und sah aus, als
hätte er die Masern. Nach einer halben Stunde ähnelte er wieder einem gesunden Lebewesen.

*Graffunda, gutaus-
sehend, charmant, intel-
ligent, meldet sich auf
eine Annonce, um Haus-
halt und Kinder des
Künstlerehepaares Pie-
sold zu betreuen. Da
wundern sich nicht nur
die Nachbarn. Ist er
vielleicht der heimliche
Liebhaber der schönen
Frau Piesold? Nach
zahlreichen Verwicklun-
gen klärt sich das Rät-
sel: Graffunda sammelt
praktische Erfahrungen
für seine Dissertation
über die Emanzipation
der Frau. Winfried Glat-
zeder ist »Der Mann,
der nach der Oma kam«
– im DEFA-Film von
1971.*

Im Konsum war's voll, es gab Bananen. Als wir zurückkamen,
empfing uns die Zwölfjährige. Sie hatte Hunger und in einer
Stunde Pionierversammlung. Also machte ich ihr schnell ein
Spiegelei. Der Dreijährige wollte auch Spiegelei, obwohl es
nicht gesund für ihn ist. Ich argumentierte pädagogisch, und
er brüllte wie am Marterpfahl. Mit Rücksicht auf das schlafen-
de Baby bekam er sein Spiegelei. Dann entrichtete ich den ob-
ligaten Wucherpreis für seinen Mittagsschlaf: drei Märchen
und ein Schlaflied.

Ich fühlte mich schon so erschöpft, als hätte ich zehn Fest-
meter Holz gehackt. Trotzdem mußte ich Betten machen, Staub
wischen, abwaschen und die Waschmaschine wieder in Gang
setzen. Als das erste Laken auf der Leine hing, wurden die lie-

ben Kleinen wach. Ich schleppte Töpfchen, wechselte Windeln, kochte Fläschchen, schmierte Stullen und hörte russische Vokabeln ab, weil die Große morgen ein Diktat schreibt. Die Wäsche wird mir meinen freien Sonnabend versüßen, denn jetzt ist das werktätige Ehepaar nach Hause gekommen und schreit nach Abendbrot.

Wenn ich mir nicht geschworen hätte, das faule Leben einer Hausfrau bis zur Neige auszukosten, wäre das heute mein letzter Arbeitstag gewesen. Aber eins weiß ich genau: Ein Mann ist den Anforderungen des Haushalts und der Kinderbetreuung weder physisch noch psychisch auf die Dauer gewachsen. Das schafft höchstens eine Frau.

II

»Ganz bestimmt, er ist ein Graf!« trumpfte Kotschmanns Tochter Jutta auf. »Er hat sich das ›von‹ nur abgeschminkt, weil sich das in einem sozialistischen Staat nicht gehört. Er ist noch schöner als Jean Marais, und Gaby glaubt, er kann reiten und fechten ...«

»Schere!« unterbrach ihre Mutter sie trockenen Tones. Frau Kotschmann, im weißen Kittel, über den sie eine ebenfalls weiße Gummischürze gebunden hatte, stand am Küchentisch, hoch aufgerichtet, mit feierlicher Miene, als vollführe sie eine heilige Handlung, die kein wie immer gearteter Graf stören durfte. Sie nahm ein Huhn aus. Ab und zu streckte sie, ohne den Blick vom Geflügel zu heben, gebieterisch die Hand zur Seite und erteilte ihrer Tochter kurze Kommandos: Messer! Schale! Schere ...

Jutta schnaufte unwillig und reichte ihr die Geflügelschere.

Wenn Mutter ihren chirurgischen Tag hatte, war schwer mit ihr zu reden. Und sie brannte doch so darauf, ihre Neuigkeiten loszuwerden. Vielleicht sollte sie etwas schwereres Geschütz auffahren? In diesem Augenblick betrat der Bürgermeister die Küche. Jutta krähte erfreut: »Du, Vati, der Graf Funda kommt jeden Morgen in Gabys Zimmer. Er zieht ihr die Zudecke weg und sagt ›meine Dame‹ zu ihr. Schau, wa?!«

Das hatte gezündet. Frau Kotschmann fuhr herum und sah ihren Mann entgeistert an. »Also, ich weiß nicht, Heinrich. Aber das geht ja wohl entschieden zu weit. Immerhin wird Gaby in diesem Jahr dreizehn.«

Jutta verdrehte entrüstet die Augen. »Was du gleich wieder

denkst, Mutti! Graffunda ist ein hochanständiger Mann, und außerdem ist er viel zu alt für Gaby. Die ist ja noch mitten in der Pubertät.«

»Jutta!« kreischte Frau Kotschmann.

Der Bürgermeister mußte sich das Lachen verbeißen. So eine altkluge Göre! Er überlegte, wie er dem Gespräch eine unverfängliche Wendung geben könnte. Immerhin wollte er zu gern mehr über diesen Graffunda erfahren, der seit einiger Zeit Thema Nummer eins von Kleinbabelow war.

»Hoffentlich kommt er als Mann auch mit dem Säugling zurecht?« erkundigte er sich.

Jutta blähte sich im Vollgefühl ihrer Rolle als Informantin.

»Gaby sagt, er müßte mindestens einen Kursus Säuglingspflege hinter sich haben. Er versteht alles zehnmal besser als die

Der Mensch wächst an seinen Aufgaben – auf Graffunda trifft das in einem Maße zu, daß der Kinderarzt, dessen Sprechstunde er aufsucht, ausruft: »Wenn's nur noch männliche Mütter gäbe!«

ganzen Weiber, die vor ihm waren.« Frau Kotschmann sank auf einen Stuhl. »Naja! Stimmt doch! Für Danny ist er auch der reine Segen, sagt Gaby. Wie durch ein Wunder pullert der Bengel nicht mehr in die Hosen. Und Gaby sagt, Mathe macht ihr jetzt gar nichts mehr aus, weil Graffunda alles so prima erklären kann. So gut möchte man's auch mal haben.«

»Wir haben es Gott sei Dank nicht nötig, unseren Haushalt von anderen Leuten besorgen zu lassen«, sagt Frau Kotschmann spitz. »Ich habe meine Chirurgie geopfert, damit ihr ein gepflegtes Heim habt. Aber so was wird ja nicht anerkannt.«

Ach du lieber Himmel, dachten Kotschmann und seine Tochter gleichzeitig, jetzt geht das schon wieder los! Die Mutter ließ keine Gelegenheit aus, sich als Märtyrerin aufzuspielen, weil sie ihren OP-Schwesternkittel vor Juttas Geburt an den Nagel gehängt hatte. Dabei war ihr Opfer schon seit Jahren völlig überflüssig, denn der kleine Haushalt florierte dank der guter-zogenen Jutta und des sehr häuslichen Bürgermeisters wie von selbst. »Jedenfalls«, bemerkte Jutta abschließend, »haben die Piesoldts das große Los gezogen. Graffunda ist einfach 'ne Bombe!«

Jutta Kotschmann sollte recht behalten: Gaffunda war eine Bombe. Und zwar eine, die etappenweise explodierte. Zunächst waren es nur die notorischen Klatschweiber von Kleinbabelow, die dem jungen Mann ihre ungeteilte Aufmerksamkeit schenk-ten. Wenn Graffunda mit Daniel an der Hand in den Konsum kam, erstarb jedes Gespräch. Die perfektesten Hausfrauen ver-gaßen, was sie hier eigentlich wollten. Sie hatten keinen Blick mehr für den Käse- oder Konservenstand, weil sie jede Bewe-gung Graffundas beobachteten. Der schien als einziger das all-gemeine Interesse nicht zu bemerken. Er wählte die Waren be-dachtsam aus und sprach freundlich mit Daniel, der neben ihm hertrottete. »Er hat den Kleinen völlig eingeschüch-tert«, tuschelten die Damen einander zu, »wißt ihr noch, was das früher für ein lebhaftes Kind war? Nicht eine Minute konnte der Bengel Ruhe geben. So eine Wandlung kommt ja nicht von ungefähr.«

Die ehrbaren Hausfrauen waren einhellig empört über Graffundas Erziehungsmethoden.

Aber als sich Daniel einmal erlaubte, in einem unbewachten Moment fünf Tafeln Schokolade in Graffundas Körbchen zu legen, schlug die Stimmung um. »Das sollte sich meiner mal trauen, dem würde ich …« – »Übers Knie legen, den Lümmel!« – »Das sind die Früchte der Männererziehung!« – »So fängt's an. Die nächste Station heißt Ladendiebstahl!« Graffunda stell-te sich taub. »Aber Danny«, sagte er, »wir machen doch noch keine Weihnachtseinkäufe! Leg die Schokolade schnell wieder zurück und zähl nach, wieviel Tafeln es sind.«

Daniel nahm Tafel für Tafel aus dem Körbchen, schichtete sie sorgfältig auf den Süßwarenständer und zählte dabei laut und deutlich bis fünf. »Das hast du fein gemacht«, lobte Graffunda, »aber selber einkaufen darfst du erst, wenn du bis hundert zäh-len kannst.«

Am Abend dieses Tages gab es keinen Kleinbabelower Haus-halt, in dem die unerhörte Begebenheit nicht diskutiert wurde. Die ehrbaren Hausfrauen waren einhellig empört über Graf-fundas Erziehungsmethoden. Nur der renommierte Kinderschriftsteller Klosterberg beschloß, die Episode in seine nächste Erzählung einzubauen. »Gutes Beispiel für lebensnahe Vorschulerziehung«, notierte er sich.

Der Klatsch über Graffunda erhielt täglich neue Nahrung. Wenn er den Vorgarten harkte oder die Fenster putzte, wurde die kleine Nebenstraße, in der sich Piesoldts Haus befand, zur Hauptverkehrsader von Kleinbabelow. Die völlig überlasteten Frauen hatten plötzlich Zeit zu einem Schwätzchen über Kochrezepte und Krankheiten, und es war wohl der reine Zufall, daß sie dabei das Piesoldtsche Anwesen und seinen gepflegten Raumpfleger genau beobachten konnten.

Ein Höhepunkt wurde der Tag, an dem Graffunda mit Baby Ännchen in der Mütterberatungsstelle zum Impfen erschien. Normalerweise nahm natürlich Frau Piesoldt solche Termine wahr, aber diesmal fuhr sie mit dem Theater auf eine Gastspielreise ins Ausland. Graffundas Entschluß, während der fraglichen vierzehn Tage in ihrem Haus zu wohnen, hatte sie mit tiefer Dankbarkeit erfüllt.

Graffunda merkte, daß man auch Spießruten sitzen kann. Er hatte Ännchen auf dem Schoß und wartete, daß eine der Boxen frei würde, in der die Babys ausgekleidet werden. Aber heute hatte es keine Mutter eilig, mit ihrem plärrenden Liebling den überfüllten Raum wieder zu verlassen. Alle beglotzten den seltsamen Mann, der einen Säugling im Arm wiegte und dabei völlig unbefangen und sicher wirkte. »Meiner würde das nie über sich bringen«, flüsterte eine junge Frau ihrer Box-Nachbarin zu. Diese beeilte sich zu erklären: »Aber es ist ja gar nicht mal sein eigenes.«

»Wer weiß!« Die beiden inhaltsschweren, wenn auch halblaut gesprochenen Worte kamen von einer Frau, die in Kleinbabelow nicht den allerbesten Ruf genoß. Ihr Mann arbeitete als Aufnahmeleiter bei einem DEFA-Regisseur, der weit häufiger in den wildwestähnlichen Gebieten von Jugoslawien weilte als in der heimatlichen Gemeinde. Trotzdem hütete seine Gattin fast alljährlich das Wochenbett. Von den vier Kindern, die sie bereits zur Welt gebracht hatte, wies keines eine Spur Ähnlichkeit mit dem anderen auf. Das konnte Zufall sein, aber es wurden die wildesten Vermutungen daran geknüpft. Die verschiedenartigen Kinder verband allerdings eine Gemeinsamkeit. Sie waren samt und sonders ungepflegt und schmuddelig. Selbst das Baby hob sich mit seinen vergrauten Jäckchen und Windeln vom allgemeinen strahlenden Weiß ab.

Einer jungen Frau wird mitgeteilt, daß der Staatsratsvorsitzende die Ehrenpatenschaft über ihre gerade geborenen Zwillinge übernehmen wird. »Und«, fragt ein Reporter, »jetzt, wo die Zukunft ihrer Kinder gesichert ist, was stellen Sie sich vor, was sie später einmal werden sollen?«
Die Mutter weist auf die tief schlafenden Säuglinge und sagt: »Der geht in die Verwaltung, und der wird Parteisekretär.«

Aber diese offenbar kompetente Frau hatte etwas gesagt, das
die Affäre Graffunda plötzlich in ein anderes, wesentlich un-
günstigeres Licht rückte. Verfügte die kleine Anne Piesoldt
nicht über einen auffallend schwarzen Schopf? Ihr berühmter
Vater war blond, das wußte jeder. Die Sache mit dem Toupet
war bisher unentdeckt geblieben. Über Gudrun Piesoldts
Haarfarbe hätte niemand glaubwürdige Angaben machen können. Ihre Skala bewegte sich kontinuierlich zwischen tizian-
rot und maisgelb. Anne jedenfalls war schwarz wie der Teu-
fel. Und Graffunda ebenfalls. Eine unerhörte Spannung lag in
der Luft und schien auf die Babys überzugreifen, die wie auf
Befehl ihr Konzert einstellten. Allein Graffunda tat völlig ungerührt. Als der Name Piesoldt aufgerufen wurde, erhob er
sich gelassen.

Der alte Medizinalrat saß gebeugt hinter seinem Schreibtisch
und studierte eine Karteikarte. »Anne Piesoldt, 8520 Gramm.
Ganz schöner Pummel für ihr Alter. Wie lange
haben Sie denn gestillt?«

Er hob seinen Blick erst, als er schon beim
Fragezeichen angelangt war. Nach einem win-
zigen Moment der Verblüffung begannen beide Männer derma-
ßen zu lachen, daß dem Arzt die Brille von der Nase und Graffunda fast das ungestillte Baby aus dem Arm fiel. Das war kein
Gelächter mehr, das war schon eine Eruption. »Hören Sie auf«,
japste die Fürsorgerin, der die hellen Tränen übers Gesicht lie-
fen, »wie soll ich denn dabei eine Spritze aufziehen?« Aber der
alte Doktor war so begeistert von seinem unfreiwilligen Spaß,
daß er ihn bis zur Neige auskosten wollte: »War's eine schwe-
re Entbindung? Beim nächsten Mal kommen Sie zu mir. Ich
mache Ihnen einen feinen Kaiserschnitt!«

Seine eigene harmlose Alberei hatte den sonst so brummigen
Medizinalrat in strahlende Laune versetzt. Er begleitete Graffunda aus seinem Zimmer, reichte ihm freundschaftlich die
Hand und sagte, zu den sensationslüstern wartenden Damen
gewandt: »Was könnte das für ein angenehmer Beruf sein,
wenn's nur noch männliche Mütter gäbe!«

Der alte Doktor war so begeistert von
seinem unfreiwilligen Spaß, daß er ihn
bis zur Neige auskosten wollte.

Peter Ensikat

Alles wegen die Leut

A *beginnt, als wollte er eine Rede halten* Meine Damen und Herren, meine lieben Menschen! Sie haben sicher schon davon gehört oder es hier und da sogar am eigenen Leibe verspürt: Der Mensch steht bei uns im Mittelpunkt.

B *kommt dazu* Wer steht wo?

A Der Mensch im Mittelpunkt.

B Ist das ein Gerücht?

A Nein, eine Losung.

B Wo liegt da der Unterschied?

A In der Absicht. Hinter Gerüchten stecken meist böse Absichten, hinter unsern Losungen immer gute.

B Stimmt, die Absichten sind jedenfalls meist besser als die Losungen. Vielleicht sollte man manchmal einfach die Absicht sagen und die Losung weglassen?

C *kommt dazu* Sagt mal, stimmt das: Bei uns muß jetzt jeder Mensch einen Mittelpunkt haben?

A Quatsch! Bei uns steht der Mensch im Mittelpunkt.

C Wo is 'n das?

A Na überall da, wo der Mensch steht.

C Sitzplätze gibts da nicht?

A Natürlich. Das Stehen ist doch bloß symbolisch. Man sagt eben so. Würdest du vielleicht sagen, wir sitzen im Kampf um die Planerfüllung.

C Ich würde sagen, wir sitzen in der Tinte – sprachlich gesehen. Unsre Menschen hätten längst Plattfüße, wenn sie wirklich überall da stünden, wo sie in den Losungen und in der Zeitung stehen: im Kampf, auf dem Boden des Marxismus-Leninismus, in der ersten Reihe, auf Friedenswacht und jetzt auch noch im Mittelpunkt.

A Also hör mal, bei uns steht eben der Mensch im Mittelpunkt und nicht die Sprache.

D *kommt* Sag mal, der Hänsel hat gesagt, du hättest gesagt, wo bei uns ein Mittelpunkt ist, da ist auch immer ein Mensch?

»Wat lernstn du?«
»Maschinenschlosser –
und du?«
»Elektriker!«

B So wird die Losung zum Gerücht, wenn sie die Massen ergreift.

C Gerüchte kann man sich ja auch viel leichter merken.

A Also zum letzten Mal – ich habe gesagt, bei uns steht der Mensch im Mittelpunkt.

D Ahnt ichs doch. Aber sag mal, wenn der Mensch im Mittelpunkt steht, wer steht denn dann drumrum?

C Die Leute.

A Ich werd's euch erklären. Seht mal in den Zuschauerraum. Da sitzen jetzt unsere Menschen.

D Gut sehn sie aus.

A Unterbrich mich nicht. Und wir sind ihre Leute.

D Und wann bin ich Mensch, wann darf ich's sein?

A Wenn du im Mittelpunkt stehst.

D Aber woran merk ich denn das?

B Am Gesicht des Kellners.

C Und der Kellner sieht dir den Menschen am Trinkgeld an; so einfach ist das.

A Kollegen, ich hab das Gefühl, ihr wollt mir den Mittelpunkt ins Lächerliche ziehen. Wo ist überhaupt Hänsel?

D Im Mittelpunkt.

A Wieso?!

D Der sitzt unten in der Kneipe und wartet seit zwei Stunden auf sein Schnitzel.

A Also, so geht das nicht! Was sollen wir denn dem Publikum sagen?

B *zum Publikum* Kollege kommt gleich!

E *kommt dazu* Mahlzeit!

D Du hast ja dein Schnitzel doch noch gekriegt!

E Denkste. Der Kellner hat mich überzeugt, daß er auch bloß ein Mittelpunkt ist.

5. Kapitel

Heißer Sommer

Von Ostseestrand, Datsche und Jugendclubs ...

An der Warnemünder Strandpromenade eröffnet 1971 das
Hotel Neptun – Luxus in den Farben des Sozialismus.
Zunächst war das Hotel nur für Devisenausländer vorgesehen.
Nach dem **VIII. Parteitag** der SED wurde entschieden, daß
etwa 80 Prozent der rund 700 Betten für einheimische Gäste
freizuhalten waren. Das Motto: »Alle wohnen gleich!«
Die Zimmer wurden überwiegend durch den FDGB belegt,
der die Hotelplätze für 310 Mark für zwölf Tage Vollpension
über die **Ferienkommissionen der Betriebe** vergab. Trotz-
dem hatte das Hotel mit der Preisstufe »S+200« die höchste
Preiskategorie der DDR, was vor allem die gastronomischen
Einrichtungen betraf, die nicht im Rahmen der Vollpension
verfügbar waren. Im Keller des Neptun befand sich die erste
Diskothek der DDR. Und im Restaurant »Goldbroiler« gab es
die vertraute Kost, die der Volksmund **Gummiadler** nannte.
Davon kann der Kurpatient in Heinz Winklers Geschichte nur
träumen: sein »geringfügiges Übergewicht« führt ihn an den
Tisch der Diätpatienten. **Frisör Kleinekorte** muß bei seinem
Betriebsausflug feststellen, daß Berlin zur gastronomischen
Einöde verkommt. Er schwärmt von alten Zeiten: »Früher war
da ein Lokal ans andere!« – Zenner, Spreediele, Spreejarten,
Körnerdiele, Tusculum, Paradiesjarten, Kaiserbad, die Alten
Eierhäuser ...« Aber selbst die Gaststätten, die es noch gibt,
sind nicht mehr die alten, wie er bei Zenner erfährt ...

John Stave

Das Bankgeheimnis

Wir sind ja gewissermaßen ein Kurort. Das geht schon aus der
Bezeichnung hervor: Bad Grunzenau. Direkt malerisch liegen
wir im Pumpeltal. Südlich werden wir flankiert vom Großen
Grunzer (388 m), westlich vom Kuhkopp (472 m). Durch Bad
Grunzenau fließt der Pumpelbach, der sich etwas später mit der
Schmolle vermählt. Wir haben einen Kleinbahnhof und eine
Busverbindung, eine Sauna, einen Kurpark und das HO-Hotel
»Bad Grunzenau«. Viele Urlauber haben uns bisher bereits be-
sucht, und es lohnt sich ganz gewiß, weil wir so schönes Was-
ser haben. Vielleicht haben Sie schon einmal vom Grunzenauer Bitterbrunnen gehört? Wie? Ja – das sind wir. Da können Sie
stolz drauf sein.

Aber trotzdem stehen wir Bad Grunzenauer im Wettbewerb
»Schöner unsere Städte, Gemeinden und Dörfer – macht mit!«
Und erst vor kurzem konnten wir einige Bürger auszeichnen,
weil sie Außergewöhnliches geleistet haben. Ich will Sie jetzt
aber nicht mit allen langweilen, sondern nur mit einem einzigen, dem Bürger Leopold Schielow, der in der Kurverwaltung
tätig ist. Das ist schon ein ganz alter Knabe, mindestens drei-
undfünfzig oder dreiundsechzig, aber wenn der noch so mit seinen Augen rollt, da ist schon manche Kollegin Urlauberin, die
an und für sich nur Erholung suchte, ganz gewaltig schwach
geworden. Manche schreiben ihm noch heute!

Jedenfalls sagte der Bürgermeister dieses Frühjahr zum Kolle-
gen Schielow: »Kollege Schielow«, sagte er, »der Wettbewerb
›Schöner unsere Städte, Gemeinden und so weiter‹ soll auch in
Bad Grunzenau nicht ungehört verhallen. Deshalb besorgst du
jetzt schön blaue, grüne, gelbe, rote und lilane Farbe. Und dann
pinselst du alle unsere Bänke, die der Gemeinde gehören, an,
und zwar frisch!« – »Auch die auf dem Großen Grunzer?« –
»Auch die auf dem Großen Grunzer!«, sagte der Bürgermeister.
»Ich sagte doch: alle Gemeindebänke!« – »Auch die auf dem
Kuhkopp?« – »Alle Gemeindebänke, Kollege Schielow! Schön
blau, grün, rot, lila und so weiter, damit unsere Urlauber auch
im Sitzen ihre Freude haben …«

Naja, die nächsten Wochen nun schwang Leopold Schielow den
Pinsel, daß es nur so krachte. Überall tauchten bald die herr-
lichsten blauen, grünen, lilanen und roten Bänke auf, wohin das

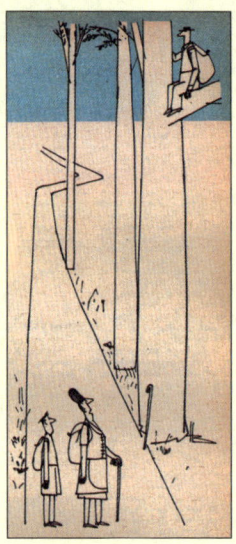

*»Jetzt ruht er sich schon
wieder aus!«*

Auge auch blickte. Der Bürgermeister selbst überzeugte sich einmal vom Fortgang der Arbeit und lobte den tüchtigen Anstreicher, hatte aber hinterher die ganze Hose voll gelber Farbe, weil das Loben nicht im Stehen stattgefunden hatte. Das Motto »Schöner unser Bad Grunzenau« nahm immer mehr Gestalt an. Eines Tages nun steckte Kollege Schielow den Kopf beim Bürgermeister rein und meldete: »Alle Gemeindebänke angepinselt, Bürgermeister! Auch die auf dem Großen Grunzer und auch auf dem Kuhkopp. Einhunderteinundzwanzig Stück. Achtzig während der Arbeitszeit, einundvierzig nach Feierabend!«

»Da wird sich unsere Gemeinde nicht lumpen lassen, Kollege Schielow«, sagte der Bürgermeister, und ein paar Tage später rollten dreißig Mark netto aus dem Gemeindesäckel in Leopolds kariertes Sakko. Zufällig kam auch der Redakteur von der Kreisseite mit dem Motorroller vorbei: »Gibts etwas Neues, Martin?«

»Ja, hier, der Schielow, der hat alle Bänke angestrichen. Kannst du vielleicht einrücken unter der Schönheitsrubrik!«

»Das kommt mir wie gerufen«, frohlockte der Redakteur. »Den werd ich mir gleich mal vorknöpfen.«

»Nein, nein«, sagte Leopold Schielow und rollte heftig mit den Augen. »Was ich getan habe, das würde jeder tun. Das würdest du auch tun.«

»Einhunderteinundzwanzig Bänke – Kollege Schielow, sind keine Sache, die man so einfach unter den Scheffel stellt. Ich hab schon den Anfang der Meldung: ›Bad Grunzenau. Während die anderen Bürger des malerisch im Pumpeltal gelegenen Kurortes Bad Grunzenau vor den Fernsehgeräten saßen, strich der Kurverwaltungsangestellte Leopold Schielow 121 Sitzbänke, die der Gemeinde gehören, an. Kollege Schielow erhielt eine Prämie, weil er sich selbstlos in den Wettbewerb ›Schöner unsere Städte und Gemeinden – mach mit!‹ eingependelt hat. Er hätte ebensogut auch in die Röhre kucken können.«

»Ich hab ja gar kein Fernsehen«, warf Leopold bescheiden ein.

»Das macht doch nichts, Kollege Schielow. So eine Meldung muß ein bißchen ausgeschmückt werden, damit sie die Massen besser anspricht. Jetzt mach ich noch ein Foto von dir, und dann …«

»Nein«, sagte Leopold hart. »Was ich gemacht hab, das würde jeder machen! Das ist nichts Außergewöhnliches.«

»Und ob, Kollege Schielow, und ob! Wir brauchen dein Beispiel. Und eines Tages wird es Schule machen, und alle Bürger, die

Ein Betrieb bietet ein »Original sibirisches Waldklosett« an. Das interessiert viele Datschenbesitzer, und zahlreiche Bestellungen gehen ein. Auch Max Schulze bestellt eins. Als die Lieferung eintrifft, besteht sie aus zwei Knüppeln, stabile Eiche. In der Gebrauchsanweisung steht: »Stock A dient zum Festhalten, Stock B zum Vertreiben der Wölfe.«

jetzt noch abseits stehen, werden zum Pinsel greifen und einhunderteinundzwanzig Bänke anstreichen oder sogar noch höher rangehen! Das ist ein Fanal, Kollege Schielow, das du da mit deinem Pinsel vorangetragen hast. Glaube mir!«

»Aber ich möchte doch lieber nicht eingerückt werden, weil mir das meine Bescheidenheit verbietet. Die Sache wäre mir äußerst unangenehm!«

»Die Bescheidenheit arbeite ich mit rein, Kollege Schielow, da kannst du Gift drauf nehmen. So ungefähr werde ich das machen: ›Bescheiden winkt Kollege Schielow ab, als wir ihn um ein paar dementsprechende Auskünfte bitten. Aber wir lassen nicht locker, weil wir uns die Frage stellen: Wo hätten heute die Urlauber von Bad Grunzenau gesessen, wenn es den Pinsel vom Kollegen Schwielow nicht gegeben hätte?‹ Das wird einschlagen wie eine Bombe, glaube mir!«

Tatsächlich, eine Woche später stand es schwarz auf weiß in der Schönheitsspalte. Mit Foto. Und mit Bescheidenheit. Zuerst sprachen noch alle davon, und hin und wieder sah man sogar Leopold Schielow mit einer Urlauberin in der Abenddämmerung, wenn die Sonne so malerisch hinter dem Kuhkopp verschwand, auf einer frischgestrichenen Bank rumsitzen, wobei er ihr die betreffende Kreisseite zeigte …

Jaja, das sind so die Höhepunkte in unserem herrlich gelegenen Kurort Bad Grunzenau im Pumpeltal. Da zehren wir lange von. Erst neulich haben sie in der Gaststube des HO-Hotels »Bad Grunzenau« von Leopold Schielow und seinem bescheidenen Wesen geredet. Na, ich hab nichts gesagt, und so hätte jeder andere auch gehandelt.

Ich bin nämlich der Gemeindediener: Und vorigen Freitag vormittag sagte der Bürgermeister, er heißt übrigens Martin Kipp, recht humorvoll zu mir: »Wischen Sie doch mal von den Akten den Staub runter, Kollege Kallinchen, und zwar nach dem Motto: ›Schöner unsere Aktenschränke – mach mit!‹« Ich gleich ran an die Arbeit.

Dabei ist mir auch das Inventarverzeichnis der Kurverwaltung in die Hände gefallen. Aber was die da auch alles so haben: 13 Harken, 2 Schubkarren, 7 Spaten, 4 Gartenschläuche, 683 leere Blumentöpfe, 4 Rasensprenger, 32 Bänke, 6 Schippen, 1 Fahrrad, 3 Laubpieker, 14 Kilo Grassamen, 2 Hacken, 2 Sensen, 3 Sicheln, 1 Schachtel Reißzwecken …

Wischen Sie doch mal von den Akten den Staub runter, nach dem Motto Schöner unsere Aktenschränke.

Eulenspiegeleien

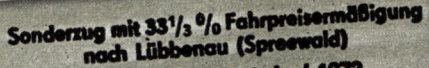

**Sonderzug mit 33⅓ % Fahrpreisermäßigung
nach Lübbenau (Spreewald)
am Sonntag, dem 4. Juni 1972**

Teilnehmerpreis einschließlich Frühstücksbeutel, Mittagessen und
Kahnfahrt ab Karl-Marx-Stadt Hbf 32,10 M.

Fahrzeiten:
6.10 Uhr ab Karl-Marx-Stadt Hbf an 22.06 Uhr
9.34 Uhr an Lübbenau ab 19.35 Uhr
mit Halt in Mittweida.

FREITAG, 14. JANUAR

10.05 „Ein Schritt zu weit"

DONNERSTAG, 13. JANUAR

20.00 „Ein Schritt zu zweit" —
Spielfilm

Kurt Hager macht Urlaub im Erzgebirge. Versteckt im Wald kommt er zu einer
kleinen Hütte, in der ein uralter Mann wohnt, und sieh da: Es ist der Mann,
der seit Urzeiten die politischen Witze erfindet. »Sie also machen die politischen Witze!« fragt Hager. »Ja«, sagt der Mann, »ich habe sie schon zu Kaisers
Zeiten gemacht.« Darauf Hager: »Aber guter Mann, haben Sie denn noch nie
bemerkt, daß zwischen dem Kaiserreich, der Weimarer Republi, dem Dritten
Reich und der DDR ein ganz gewaltiger Unterschied besteht?« Der Alte starrt
Hager an, dann lacht er: »Ha, junger Mann, der Witz ist aber nicht von mir.«

Wir sind eine typische Speisegaststätte und haben eine hohe Gästefrequenz
in der Zeit von 10.30 bis 14.30 Uhr auf Grund unseres spezialisierten
Sortimentes. Wir bitten um Ihr wertes Verständnis, daß wir bemüht sind
diesen hohen Versorgungsbedarf in dieser Zeit gerecht zu werden und
bitten um Ihre persönliche Mithilfe, Ihre eigenen Versorgungsansprüche in
dieser Zeit von 10.30 bis 14.30 Uhr optimal in Anspruch zu nehmen.

Ihr HO-Fisch-Spezial-Restaurant

Ragout fin, Toast	2,85 M
Gebr. Leber, Kartoffelbrei, Kopfsalat	3,35 M
Pikante Nieten, Kartoffelbrei, Kopfsalat	2,55 M
Hers "Mexikanisch" Kartoffeln.	

Heinz Winkler

Kontaktschwierigkeiten

Nach einer mittleren Nervenkrise hatte mir der Arzt eine Kur angedroht. Ich bereitete mich gewissenhaft darauf vor. Erfahrene Kollegen, die schon mehrfach wegen verschiedener gesundheitlicher Delikte zu vier Wochen verdonnert worden waren, berieten mich uneigennützig. Als Quintessenz ihres pausenlosen Trommelfeuers bot sich mir folgende taktische Linie des Verhaltens an:

In den ersten zwei Tagen muß man sich einer Gruppe anschließen, sonst wird man hoffnungslos vereinzelt und stellt durch die Depressionen des Isoliertseins den Kurerfolg in Frage. Gehört man jedoch zu einer Gruppe, hat man vier Wochen lang einen Heidenspaß, der über Salzlosigkeit, Schlammsalbungen, kalte Fußwäschen und die ständige Gefahr des Entdecktwerdens beim Rauchen an verschwiegenen Orten hinweghilft.

Mir wurde klar, daß ich damit vor einem völlig neuen Problem stand: An meine Kontaktfreude wurden Ansprüche gestellt, die bisher nie gefordert worden waren. Die Gespräche in meinem Bekanntenkreis, der einen erträglichen Umfang hat, ergeben sich nämlich immer

Es gelang mir nicht, in die Phalanx der Dicken einzudringen.

von selbst. Die Zeiten, da man sich mit einem schlau eingefädelten Dialog einem attraktiven Exemplar des anderen Geschlechts nähert, liegen bei mir so weit zurück, daß die Erinnerungen abhanden gekommen sind. Reisegespräche liebe ich nicht, weil ich im Zug immer schlafe, und wenn ich mit meiner Frau gemeinsam in Urlaub oder andere Menschenansammlungen gehe, bin ich sowieso aller gesprächstechnischen Sorgen ledig.

Das Resümee meiner Lage bereitete mir einige schlaflose Arbeitstage. Ich überlegte, worüber man sich wohl mit Mitkuranten (diesen neuen Ausdruck bringe ich ohne Honorar in unseren Wortschatz ein) unterhalten könne, die weder unseren Chef noch unsere Ligaelf kennen, von den objektiven Schwierigkeiten der Planerfüllung in unserem Betrieb keine Ahnung haben und vielleicht nicht einmal einen Trabant fahren. Erschreckt stellte ich fest, daß ich bis zur Abreise noch einiges für meine Allgemeinbildung tun müsse.

Mein Sohn, der ein fanatischer erweiterter Oberschüler ist, bekam seine große Zeit. Mit spürbarer Herablassung übereig-

nete er mir einige Gedanken zur Weltliteratur, ein paar derbe-
re Schoten aus dem Zeitgenössischen, ein halbes Dutzend Formeln sowie Konstruktionskonzeptionen zukünftiger Weltraum-
schiffe. Sein Versuch, mir auch noch die Dialektik zu erklären,
mußte wegen Zeitüberschreitung abgebrochen werden. Ich
hielt mich schadlos, indem ich an einigen Kreuzworträtseln Lö-
sungsversuche unternahm, was mir auch recht gut gelang,
wenn mir die nächste Nummer einer all-
seits beliebten Wochenzeitschrift mit den
Lösungen beistand.
Nunmehr hatte ich das gute Gefühl, geo-
graphisch über eine Reihe von Nebenflüs-
sen hinreichend informiert zu sein sowie
darüber, daß es in Finnland eine Hafen-
stadt mit drei Buchstaben gibt. Gehobenen
Konversationen stand also meinerseits
nichts mehr im Wege. Wer verübelt mir,
daß ich darauf fieberte, mit meinem Wis-
sensschatz sofort eine Gruppe erlesener
Kurgäste um mich zu scharen?
Bei der Anmeldung hatte ich mir einige mit-
telmäßig sympathische Personen unauffäl-
lig ausgeguckt und wollte zu arrangieren
versuchen, daß wir einen gemeinsamen
Tisch bei den Mahlzeiten belegten. (Anmer-
kung für Bürger ohne Kurerfahrung: Davon
hängt nach Auskunft meiner kurversierten
Arbeitskollegen für die Gruppenbildung
viel, wenn nicht alles ab.) Ich wurde aber
anhand der Diagnose des Heimatarztes und

*»Ich habe das Lei-
stungsvermögen meiner
Frau unterschätzt!«*

auf Grund eines geringfügigen Übergewichts dem Tisch 14 zu-
geordnet, an dem eine spezielle Neuronendiät und morgens
nüchtern ein doppelter Rizinus Edel verabreicht wurden. Wir
waren sechs Leidensgefährten; und wie sich schon nach der ersten Suppe herausgestellt hatte, hätte mich mein Sohn lieber
in der Anatomie meines Körpers unterweisen und mir die lateinischen Vornamen einiger Krankheiten einpauken sollen.
Die beiden Damen am Tisch, eine etwa fünfzigjährige Haus-
besitzerswitwe und eine gleichaltrige Chefsekretärin, referier-
ten sachkundig über ihre sämtlichen Drüsen, den Grad ihrer
Verstopfung und die daraus resultierenden neurotischen
Störungen. Ihre Fettleibigkeit stellte sich als nervös bedingt

heraus und hatte sie befallen, obwohl sie zu Hause ausschließlich von Zwieback und Tomatensaft leben. Bei den restlichen
Herren am Tisch handelte es sich zufällig um zwei Pudel- und
einen Angorakaterbesitzer. Sie mußten beim Essen immerfort
die Bestecks aus der Hand legen, um vorzumachen, wie es ihre
lieben Tierchen machen, wenn sie irgend etwas verzapfen.
Mich, befiel Platzangst, ich konnte trotz meines Intensivtrai-
nings nicht mitreden!

Geistesgegenwärtig schaltete ich meine Lauscher auf den
Nachbartisch um, in der Hoffnung, mich dort mit ein paar rhe-
torischen Investitionen ins Geschäft
zu bringen. Am Tisch 15 saßen die
Bauchgrößen bei Radikaldiät. Sie
sprachen vom Essen. Nicht von dem,
das gerade vor ihnen stand, denn darüber war nicht zu reden. Sie
schwelgten von Gerichten, die ich
noch nie gerochen habe. Eine launig
sein sollende Bemerkung meinerseits, daß unsere Betriebsküche eine
ganz akzeptable Soße aus dem allgemeinen Verbundnetz zapfe, wurde mit
säuerlichem Lächeln quittiert. Es gelang mir nicht, in die Phalanx der
Dicken einzudringen.

»Schön, nich?«
»Ja, in den Pausen hört
man das Meer rau-
schen.«

Mein letzter Versuch, an der Konsti-
tuierung der Gruppen noch rechtzei-
tig teilzuhaben, begann damit, daß
ich am Nachmittag wie zufällig einem Trupp von vier Herren in
ein Café folgte, wo sich wiederum zufällig ergab, daß an ihrem
Tisch ein Platz frei war. Sie setzten ihren von mir schon auf
der Straße beobachteten lebhaften Disput fort, es ging ums
Fernsehen.

Ich witterte Morgenluft, da ich ein leidlich passionierter Fern-
sehkonsument bin. Bei den Herren ging es aber um Sendungen,
die ich irgendwie alle verpaßt haben mußte. So viele harte
Thriller und sexische Dramatik habe ich noch nie gesehen, das
liegt offenbar daran, daß ich noch kein 2. Programm habe. Mit
meinen schüchternen Beiträgen aus dem 1. Programm konnte
ich nicht imponieren. Lediglich beim Verkehrskompaß wurden
die Herren aufmerksam. Als sich aber herausstellte, daß es
sich dabei nicht um Ratschläge für intime Situationen handelt,

grassierte um ihre Mundwinkel etwas, das mich still zum Hut greifen ließ.

Mir drohte die soziale Isolierung! Beim Abendessen graste ich resigniert mit Blicken den Speisesaal ab und blieb in den irritierenden Augen einer Dame hängen, die ziemlich weit entfernt saß, aber viel zu mir herüberschaute. Sie beteiligte sich, soviel ich beobachten konnte, kaum an den Gesprächen ihrer Tischpartner. Sie sah, verflucht noch mal, gut aus. Für Kenner sei gesagt, daß sie vom Typ einer etwas heruntergekommenen Akademikerin war oder einer guterhaltenen Barkeeperin. Sicherlich war ihr die Unterhaltung am Tisch zu seicht; bestimmt wäre ich der richtige Partner für eine lässig-gepflegte Unterhaltung, und man sieht mir das an.

Für den dritten Tag war ein Tanzabend avisiert, und ich mußte meine Hoffnungen wohl oder übel bis dahin vertagen, denn das wage ich mir: mit einer korrekten Verbeugung auffordern, distinguiert tanzen, und dann würde es sich schon irgendwie ergeben, daß ich ein paar Formeln loswürde oder eine tiefgründige Bemerkung über moderne Lyrik. Inzwischen begnügte ich mich mit den Blicken, die sie immer häufiger losfeuerte, fragend und versonnen. Ich stellte mir vor, wie sie wohl sprechen würde, und wünschte mir, meiner eigenen Mundart wegen immer ein wenig unter Befangenheit leidend, daß sie norddeutsch reden möge, mindestens aber nicht weiter herunter als kurz vor Berlin.

Der bewußte Abend kam. Wie sorgfältig ich mich präpariert hatte, brauche ich nicht zu erwähnen. Meine Aufforderung zum Tanz wäre für jede verdeckte Kamera ein Festessen gewesen. Sie errötete leicht und brachte in unsere Tanzzweisamkeit einen Duft mit ein, der den ohnehin leicht exotischen Eindruck verstärkte. Ich holte gerade Luft zu einer geistreichen Bemerkung, als sie den Mund öffnet: »Sachense mal, ich gugge Ihnen doch nu schon zwee Dache an, weil Sie so gomisch um de Oochen rum aussähn. Hamm Sie's denn ooch middr Läber? Also, ich gann Ihnen sachn, mir machd das Ding vielleichd zu schaffn, un außerdäm habbsch hier Schwierichgeidn middn Stuhlgang, ich weeß, noch gar nich, obbch hierbleim gann.«

Ich brannte mir in Anwesenheit des Kurarztes an diesem Abend eine dicke Zigarre an und soff eine Flasche Budafok ex aus. Deshalb bin ich seit gestern wieder zu Hause und habe keine Kontaktschwierigkeiten mehr.

Aufgrund der Zugverspätungen hat die Deutsche Reichsbahn die Fahrpläne überarbeitet. Es gibt für jeden Reichsbahndirektionsbezirk ein kleines Heftchen im Taschenformat, Umfang 20 Seiten: Auf den ersten beiden Seiten alle noch verkehrenden Züge, auf den restlichen 18 Wanderlieder.

C. U. Wiesner

Frisör Kleinekorte unter-nimmt einen Betriebsausflug

Nehmse Platz, Herr Jeheimrat! Was gibsn Neues aufm Bau? Wieder Nachtschicht gehabt? Ick seh ja man heute auch nich jrade wie Jungsiechfried aus und würde mir am liebsten auf mein Kannapeh verpfeifen, aber als Kapitän, da geht man ebent als letzter von Bord, ganz im Gejensatz zu Herrn Kafforke. Der macht nämlich heute blauen Montag, und dis hat man nu als Scheff davon, wenn man seine Belegschaft einen richtigjehenden Betriebsausflug in dem undankbaren Rachen reinschütten tut. Sindse doch mal ehrlich: der Mensch kann nich bloß immerzu arbeiten wie son Kümmeltürke, er braucht auch sone Art Erholungssüstematik und nich bloß andauernd Kneipe und Schkat. Dis is aber jar nich so einfach, wenn Se nich zufällig ein Jroßbetrieb wie beispielsweise mein Sohn in Buna sind. Die fällt es natürlich ville leichter, 'n kompletten Wochenendausflug inne Berge oder so aufe Beine zu stellen, wo dann auch Hand und Fuß hat. Aber grade dis ließ mir nich rosten oder ruhn, weil ick nämlich schon immer jroß ins Orjanisieren war. Janze Abende lang hab ick wie son Jeneralstab meine alten Ausflugskarten studiert und mit Muttern die schönen Erinnerungen an unsere Jugendzeit aufjefrischt. Jott, was sind wir damals noch jewandert und mit die kleinen Waldvögelein um die Wette tiriliert, wo se heutzutage mit ihre alten Motorräder und Autos längst aus sämtliche Wipfel verscheucht haben. Muttern wollt ja für ihr Leben jerne mit, aber ick sagte zu ihr, son Jewaltsmarsch, wie wir dis vorhaben, is nich mehr dis richtige für ihre wackligen Beine. Dafür hat sich uns noch in letzter Minute Meister Grundgeyer aus de Brunnenstraße anjeschlossen, der wie ick auch immer noch als Selbständiger rumkrebst. Ick hatt mir nämlich partuh in Kopp jesetzt, wie wir zu dritt vom Jasthof Rübezahl rauf auf die Kanonenberge emporklimmen und denn aus luftiger Höhe, hoch über die blauen Wogen des Müggelsees, ein Lied durch die rauhe Bergwelt schmettern, des die Heide wackelt.
Wir sind drei gute Kameraden und des uns der Frühling einjeladen hat, bei ihm mang die blühenden Felder zu Jast zu sein. Dis hab ick alles schon förmlich vor mir jesehn und mir

jefreut wie 'n kleines Kind. Nehmse mal den Kopp 'n bißken runter!

Aber dis Schicksal muß wieder mal 'n Rochus auf mir jehabt haben. Mir beschlich schon sone Ahnung, wie wir uns jestern früh am Bahnhof Jreifswalder Straße trafen und Herr Kafforke wie üblich vollkommen ausm Rahmen fallen mußte. Müssense sich mal vorstellen: Jrundjeyer und icke als honorige ältere Männer mitn Panamahut und 'n leichten, jepflegten Sommeranzug und Herr Kafforke wie 'ne Vogelscheuche – Rucksack, Nagelschuhe und Knickebocker, und dazu hatte er sich heimlich meine olle Botanisiertrommel aus de Rumpelkammer rausjekramt. Am liebsten hätt ick ihm gleich nach Hause jeschickt, und wie die Leute inne S-Bahn über ihn jelacht haben, hab ick so jetan, als kenn ick ihm jar nich, und vor Verzweiflung noch feste mitjelacht. Na jut, früher, am Vatertag, war ick man ooch 'n ziemlicher Dollbrägen und hab mir ausstaffiert wien Pfingstochse, 'n Vogelkäfig aufn Rücke und 'n sauren Hering ranjehängt, Mann, war dis ulkig. Aber son Betriebsausflug hat doch nichts mit sone Herrenpartie von früher zu tun, und unser hätte sich bestimmt mächtig zur Anschaffung von neue Arbeitsfreude und alles so jeeignet, wenn wir wenigstens mitn Dampfer mitjekommen wären.

»Nun müssen wir natürlich wegen Fehlens sanitärer Einrichtungen das Restaurant schließen.«

Aber so sehnse aus. Hümmel und Menschen anne Weiße Flotte, und nich eine Schiffskarte mehr. Die waren alle schon im Vorverkauf wechjegangen, da sollte sich mal die Volksbühne 'ne Scheibe von abschneiden. Wenn die ihre Stükke aufm Dampfer spielen würden, hättense bestimmt noch ville mehr Zuschauer als wie jetz. Herrn Kafforke konnt ich jrade noch davon abhalten, sich als blinder Passaschier auf son jroßes Motorschiff zu mogeln. Da hätt er ja nischt von die schöne Landschaft jesehn. Laß man, Willem, sagte Jrundjeyer tröstlich, Wasser hat keine Balken, und da tummeln wir uns ebent 'n bißken in Treptow.

Dis war mir recht, denn in diese ländliche Jejend bin ick nachm Kriege jar nich mehr hinjekommen, aber glaubense, wenn da nich die Spree jewesen wäre und anne andere Seite Stralau mit sein Kirchturm, ick hält mir jar nich mehr zurechtjefunden.

Früher war da ein Lokal ans andere, die kann ick noch herbeten wie sämtliche deutsche Kaiser: Zenner, Spreediele, Spreejarten, Körnerdiele, Tusculum, die Renterdiele auf de Abteiinsel, Sonnenwende, Schloß Treptow, Paradiesjarten, Kaiserbad und die Alten Eierhäuser. Den Ausschank inne Spreediele, den nannten wir bloß Dreijroschenoper – zwei Jroschen für 'ne Molle und den dritten für den Korn. Dis waren noch Zeiten, und auf die jroße Liegewiese ham sich die Arbeitslosen mit ihre Familien wie im siehmten Himmel jefühlt. Da hattense Sonne und frische Luft und konnten den ollen Hinterhof janz und jar verjessen. Aber jestern waren wir drei Musketiere die einzigen, wo sich da rumjeaalt und Mutterns Kartoffelsalat verdrückt haben. Bloß die Autos machten soville Staub, des wir schnell was Nasses in der Kehle brauchten und zu Zenner marschierten. Aber da in die Gejend war jrade 'ne Ausstellung mit Boote und Zelte und kostete Eintritt.

Und nu hatten wir schon 'ne halbe Pulle Klaren intus, da fing Herr Kafforke an zu randalieren, des er sich sowieso kein Boot kaufen tut und lieber ein Bier will. Da sind wir denn weiterjesockt und ham wenigstens

»Dieses Jahr haben wir einen Ostseeplatz erwischt!«

jetzt dis Lied von die drei guten Kameraden jeschmettert. Aber da war kein Stück mehr von blühende Felder in Treptow. Obwohl der Staat sonst so sehr für Landwirtschaft schwärmt, findense hintern Plänterwald nich ein Kornfeld mehr, bloß noch Neubauten. Jott sei Dank steht Ecke Köpenicker noch son richtiges kleines Jartenrestorang, wo Familien wie in alte Zeiten Kaffe kochen können. In diese beschauliche Oase, Süße Ecke jenannt, ham wir denn mehr so innere Einkehr jehalten wie auch sonst. Und bei Lichte besehn, muß ja son Betriebsausflug nich gleich in Jewaltmärsche ausarten. Oben blühten die Kastanien, und auch dis Bier hatte 'ne jeflegte Blume, Vetter Starmatz pfiff seine frohen Weisen und erinnerte mir an die jroßen Mülletärkapellen, wo früher in Spreejarten spielten, und nich bloß sone jeschniegelten Jatzkomposte von sechs Mann wie heutzutage. Is ebent schade, des Herr Kafforke so jar nischt vertragen kann und immer gleich anfängt, Wirtinnenverse zu singen und ausjerechnet, wie Jrundjeyer und ick da oben aufs Riesenrod dis schöne Volkslied anstimmten: Was kommt da von der Höh. Ach so, wie wir eigentlich in den neuen Lunapark mitten anne Spree reinjeraten sind, weiß ick selber nich mehr. Mir wurde bloß janz schwummrig zumute, wie ick in dis Spiejelkabinett plötzlich merke, des wir Herrn Kafforke verloren haben. Glauben'se man, mir machte die janze Sauferei auf einmal keinen Spaß mehr, denn als Scheff fühlt man sich doch verantwortlich für seine Leute und sagt sich, so was Undankbares. Man bietet ihm die janzen Schönheiten unserer Heimat, und der Kerl macht sich dünne. Nach zwei Stunden hatten wir ihn endlich jefunden – hat er an die Selbstbedienungsampel beis Ehrenmal dauernd auf Rot jeschalten und wie 'n Ziegenbock jemeckert, wenn alle Autos seinetwegen anhalten mußten. Bis einer ausjestiegen is und ihm eine jelangt hat. Unter uns jesagt, den nächsten Betriebsausflug mach ick lieber gleich nachm Blauen Affen. Dis hat man nu davon, des man von die Jroßbetriebe lernen will.

Und dabei weiß ick haarjenau, des uns aufm Bahnhof Frankfurter Allee die Transportpullezei bloß deshalb aus de S-Bahn rausjeschmissen hat, weil son kleiner Betrieb als wie meiner nu ebent mal nich die Struktur bestimmen tut. Macht zweifuffzig, aber bei mir hats jestern gleich fünf Mark jemacht.

Rückfahrt

Ich kam zurück vom Urlaubsorte,
der Zug war voll, ich stand ganz steif
acht Stunden lang bei großer Hitze.
Da war ich wieder urlaubsreif!

Achim Fröhlich

John Stave

In der Mokka-Milch-Eisbar

Mit dem Tourismus nimmt das bei uns langsam auch überhand. Ich hab schon mit Afrikanern, Indern, Italienern, Engländerinnen, Schweizern, Rumänen, Leipzigern, Östereichern, Bulgaren, Polinnen und Schotten an einem Tisch gesessen. Nun ist das ja bei mir weiter nicht schlimm, weil ich außer Deutsch gar keine andere Fremdsprache beherrsche, so daß ich mich überhaupt nicht zu unterhalten gebrauche.

Ich sitze dann einfach so herum, sage keinen Ton, grinse hin und wieder und so weiter. Lediglich bei den Engländerinnen hab ich ein bißchen konserviert. Das waren zwei ganz dünne. Die

Die Mokka-Milch-Eisbar (hier eine Originalpostkarte) in der Berliner Karl-Marx-Allee – oder auch »Mokke«, wie der Berliner sagt – war Treffpunkt für junge Leute und Touristen. Die Band »Team 4« machte sie mit ihrem Lied »In der Mokka-Milch-Eisbar« republikweit bekannt.

eine war ungefähr zwei Meter hoch, die andere höchstens einsachtzig. »Mademoselle«, hab ich gesagt, »pretty, pretty. Au Backe you pardong. Uno gran Malheur! Sisters und brothers. look, that it e penzill. Your Husband ist verrutscht!« Und so weiter in diesem Stil. Aber ich muß sagen, daß sie sich regelrecht amüsiert haben, und es sollte mich auch nicht verwundern, wenn die beiden alten Ladys und Gentlehmanns bald wieder einmal in unserer schönen Hauptstadt aufkreuzen.

Na ja, wie gesagt, mit dem Überhandnehmen. Das soll ja auch alles so sein, weil eine Meteoropole so etwas haben muß. Aber nun gibt es bei jedem Menschen Stunden, in denen er ganz gerne einmal unter sich sein möchte, mit sich und der Welt ganz alleine. Da gibt es viele Gründe. Beispielsweise aus Kummer. Wenn die Braut in der Hohen oder Niederen Tatra wohnt, und da kommt er nicht so regelmäßig ran oder überlegt sich auch, ob sie vielleicht einem anderen Herrn gerade ihre ganze heimatliche Schönheit zeigt. Das soll mal als Grund genügen. Da möchte man schon möglichst alleine an einem Tisch sitzen, ohne Engländerinnen, Schotten und so weiter.

Ich will jetzt nicht weiter ausführen, was mich an diesem bestimmten Tag so verändert hatte, daß ich mutterseelenallein sein wollte. Aber wer ein bißchen Phantasie hat, der wird sich schon denken können, woran es lag.

Ich zog jedenfalls von einem Tisch zum anderen. Kaum saß ich wieder: »Please, ist se Sitz noch free?« – Englisch.

»Molto Beene, Sorrento popogeno?« – Italienisch. Ich weiter, immer weiter.

»Umba, umba, umba, umba, täteräh?« – Kölnisch.

Es war, als hätte sich die ganze Welt gegen mich verschworen. An den letzten freien Tisch im Lokal trat ein Österreicher: »Küß die Hand und so weiter, habe die Ehre, bin so frei, gehorsamster Diener ...«

Ich nickte matt. Er ließ sich nieder. Ich erhob mich. Es war ein hübsches Lokal, mit lauter wunderschönen Damen und Kellnerinnen drapiert. Aber was nützt das alles, wenn man des Nichtalleinseins müde ist, was?

Bei dem Mann mußte es sich um einen Eskimo handeln.

Lauter blonde Schwedinnen saßen herum, Spanier, Engländerinnen, aber nicht die von neulich, Ungarn, Franzosen, sogar Amerikaner!

Ich ging gebrochen dem Ausgang zu. Und was sah ich durch die Schaufensterscheibe? Auf der Straße stand ein Tisch mit zwei Stühlen, entweder etwas zu zeitig hinausgestellt oder vom letzten Herbst noch nicht wieder hereingenommen; denn an diesem Tag herrschten ja nur zwei lumpige Grad im Schatten. Dennoch setzte ich mich draußen hin, eröffnete sozusagen die Freiluftsaison ...

»Jestatten?« fragte eine männliche Stimme, und was dazugehörte, das setzte sich ohne viel Umstände – bei zwei Grad im Schatten, allerdings plus. Gut, der Mann war warm angezogen, aber es mußte sich um einen Eskimo handeln.

Und richtig! Plötzlich springt er auf und ruft entsetzt: »Ach du Schreck, mein Schlitten steht ja im Parkverbot!«

Ich sag ja: Mit dem Tourismus, das nimmt langsam überhand.

Hansgeorg Stengel

Mein Sonntagsvergnügen

Da steh ich nun. Ade, du schöne Welt!
Mein eingepferchter Leib, von allen Seiten
wie ein gejagter Wilddieb streng umstellt,
entbehrt gewisser Fluchtgelegenheiten.

Ich kenne nicht den Standort meiner Frau.
Wo mag sie sein? Gehts ihr ein bißchen besser?
Ich ahne ganz entfernt des Himmels Blau
und unter meinen Füßen ein Gewässer.

Im Hintergrund erklingen männlich-schrill
die rüden Töne eines Saufgelages,
dann schreit ein Kind, weil es Buletten will
als Krönung dieses Sommer-Feiertages.

Ich bin wie taub vom Scheitel bis zum Zeh,
und ich beschließe zwischen Traum und Wachen,
die nächsten Dampfschiffahrten auf der Spree
nur werktags im Dezember mitzumachen.

Horst von Tümpling

Natur und Technik

Daß man in letzter Zeit von meinem Freunde Peter G. so wenig sieht, liegt daran, daß er sich in dieser Saison für das neueröffnete »Hochmoor mit naturkundlichem Lehrpfad« am Rand der Stadt verpflichtet hat. Und zwar als Frosch.

Sicher, zuerst habe ich auch gestutzt. Aber warum soll nicht jemand als Frosch arbeiten? Natürlich ist heute bei einer solchen Tätigkeit viel Technik drum und dran. Früher, im Zeitalter des Hakenpfluges oder der Postkutsche, hätte man in diesem Beruf vielleicht selber im Wasser umherschwimmen, vor den Augen der Spaziergänger heraus- und hineinhüpfen oder auf einem Seerosenblatt sitzen müssen, zum Fotografieren oder, was noch langwieriger wäre, zum Abzeichnen nach der Natur. Heute ist das alles anders.

Durchrationalisiert bis zum letzten. Alles Überflüssige entfällt, und nur das Wesentliche am Frosch bleibt. Und was ist das Wesentliche am Frosch? Das Quaken! Jedenfalls in einem Hochmoor mit naturkundlichem Lehrpfad, in dem das Schilf und der Aronstab, die Wasserschwertlilie und das Erlengestrüpp so dicht wuchern, daß jeder optische Eindruck eines solchen schwanzlosen Lurches ohnehin sehr unscharf wäre. Anders das Quaken. Das hört man. Das dringt durch. Das also lohnt sich.

Nun sitzt mein Freund Peter G. nicht etwa mitten im Moor, sondern schön bequem in einer naturkundlichen Station am Rande desselben. Dort übrigens kann man im Foyer auch alles andere vom Frosch besichtigen. In mehreren Stellungen und Exemplaren bevölkert diese Spezies Dioramen, Schaukästen und Konservierungsflaschen. Aber natürlich sind das ausgestopfte Frösche.

Peter G. aber lebt, ist wohlauf und sitzt eine Treppe höher: Was im Foyer notgedrungen nur ein schwacher Abglanz ist, das ist hier oben ein pralles Bildnis entwickelter Technik. Peter G. stellt gewissermaßen einen volltransistorisierten Frosch dar. Vor sich hat er ein Steuerpult, von dem aus Leitungen zu den verschiedensten Verstärkeranlagen gehen. Da gibt es Entzerrer, Schwingkreise, Dioden und Kathoden und Elektroden. Kristallgitter, Filter, Felder, Schaltstufen. Denn es gilt, nicht nur einen Frosch schlechthin zu imitieren, nein, es muß der Eindruck erweckt werden, als bevölkerten zig Frösche das Hochmoor, in dem doch, leider, in Wirklichkeit kein einziger zu finden ist. Warum weiß keiner.

Man hat sich damit abgefunden und den synthetischen Elektronenlurch entwickelt. Und das hat nebenher gewaltige Vorteile. Wir wissen ja, daß des Frosches lieblicher Gesang nur vom Frühjahr bis in den Mittsommer hinein des Lauschers Ohr erfreut. In kalten Lenzen oder unfreundlichen Sommern fällt er zuweilen ganz flach. In unserem Hochmoor aber kann man nun, dank der Technik und ihrer Beherrschung durch meinen Freund Peter G., das ganze Jahr hindurch das Quaken der Frösche erschallen lassen. Ja, im Falle von Gruppenführung oder ausländischen Besuchern nach Voranmeldung sogar im Winter. Die Natur soll so was mal nachmachen!

Weil wir gerade von der Natur sprechen:

Peter stellt gewissermaßen einen volltransistorisierten Frosch dar.

Natürlich ist nicht alles pure Technik. Entscheidend ist auch hier der Mensch. Genauer: Mein Freund Peter G. Ich kann mir nur eine blasse Vorstellung davon machen, was es heißt, mit sensiblem Finger die Schieber am Regelpult zu bedienen, gleichzeitig die vielen Kontrolllämpchen und -zeiger im Auge und den richtigen Ton im Ohr zu behalten und noch dazu mittels subtiler Tricks die mannigfaltigsten und für jede Witterung vorbestimmten Hall- und Schalleffekte zu erzielen.

Und das alles tönt aus zahlreichen verborgenen Lautsprechern hervor, die mit Umsicht im Gelände rings um den Holzsteg des Lehrpfads verteilt sind. Zuweilen glaubt man, ein heftiges Forte quakt satt und ein wenig brutal direkt neben dem stutzenden Fuß aus dem Schilf, dann wieder lauscht man bewegt einem zarten Adagio, das links hinten und etwas entfernter ertönt. Und manchmal gar keckert und korkst es sogar aus dem dürren Wipfel einer hohen Sumpfbirke.

Trotz allem ist, wie ich erfahren mußte, mein Freund Peter G. nicht ganz zufrieden. Ein Mißmut wenig schöpferischer Art. Er fühlt sich ganz einfach auf die Dauer den Anforderungen seines Postens nicht gewachsen. Aber dem feuchten Element und seinen Geschöpfen will er treu bleiben.

Vielleicht arbeitet er in der nächsten Saison in der Nachbarabteilung der naturwissenschaftlichen Station. Als Fisch. Das strengt die Stimmbänder nicht so an, gestand er mir heiser.

6. Kapitel

Höher, schneller, weiter

Sportlich sportlich

Im Februar 1972 finden die **Olympischen Winterspiele**
in Sapporo statt, im August werden die **Sommerspiele** in
München eröffnet. 14 Medaillen in Sapporo, 66 Medaillen in
München gibt es für die Sportler aus der DDR. In der Länder-
wertung nach der Zahl der gewonnenen Medaillen steht die
DDR damit beide Male auf **Rang drei**. Die Sportler erlaufen
per pedes (Karin Balzer) und per Ski (Ulrich Wehling), erturnen
(Karin Janz), erspringen (Wolfgang Nordwig) und erschwim-
men (Roland Matthes) olympisches Gold und Weltrekorde,
und Erich Honecker empfängt die Mannschaften »mit berech-
tigtem Stolz ...« Aber es ist der Breitensport, der Ernst Röhl
Sorgen bereitet. Röhl schlüpft in die Rolle eines altgedienten
Kegelbruders, um über den Verfall der Sitten zu klagen:
Anlaß liefert die erste Bowlingbahn der DDR, die 1971
auf dem Berliner Alexanderplatz eröffnet wird. Andere
Neuerungen, wie die von Ralph Wiener in Erwägung gezo-
gene Veränderung des Schiedsrichterstatus, unterbleiben
vorerst. Erwin F. B. Albrecht aber entdeckt des DDR-Bürgers
wahre sportliche Berufung: den **Wartesport**. In seiner
»Liga für gestaltetes Warten« kann er Höchstleistungen
vollbringen in genau der Disziplin, in der er sich tagtäglich
üben muß.

Ralph Wiener

König Publikum

Schiedsrichter Wendulin hatte schon viele Fußballspiele gelei-
tet. Fanatiker hatten ihm zeit seines Lebens viel zu schaffen
gemacht. Dennoch liebte er seine Zuschauer.

In letzter Zeit war er in sich gegangen und hatte bei Schieds-
richtertagungen gar seltsame Ansichten von sich gegeben. Man
müsse das Publikum mehr respektieren, sagte er, und solle
doch einmal ernsthaft erwägen, ob es nicht an der Zeit sei, die
Zuschauer in die Entscheidungen mit einzubeziehen! »Wir müssen als Schiedsrichter die Zurufe der Zuschauer sorgfältig beachten«, erklärte Wendulin. »Es geht nicht an, daß wir uns wei-
ser dünken als die Masse. Aus diesem Grunde werde ich morgen im Spiel Traktor Hohenwarte gegen Lok Unterberg so pfeifen, wie es die Zuschauer wünschen!«

Am nächsten Tag war es soweit. Die Mannschaften von Traktor und Lok hatten Aufstellung genommen, und Wendulin pfiff
das Spiel an.

Nachdem Traktor Anstoß gehabt hatte, ging der Ball in den Besitz von Lok über. Die Lok-Stürmer rannten. Rechtsaußen Lüdicke stand in guter Position und völlig frei. »Zu Lüdicke!« riefen die Zuschauer. Habedank, der das tun sollte, schoß jedoch
zum Linksaußen Schmoll.

Wendulin pfiff. »Haben Sie nicht gehört?« sagte er zu Habedank, »Sie sollen zu Lüdicke schießen!« Lüdicke rannte mit
dem Leder in den gegnerischen Strafraum und schoß – über die
Latte.

Rufe des Unwillens wurden laut. »Flasche! Raus!« Schiedsrichter Wendulin wies Lüdicke vom Platze. »Ich muß doch sehr bitten!« empörte sich Mannschaftskapitän Watzek. »Seit wann
wird ein Spieler, der über die Latte schießt, herausgestellt?«
»Haben Sie nicht die Entscheidung des Publikums gehört?«
fragte Wendulin. »Man rief unüberhörbar: ›Raus!‹ Wollen Sie
diese Forderung mißachten?«

Der Mannschaftskapitän sprach mit seinen Leuten, dann ging
das Spiel weiter.

Diesmal gelang Traktor ein Angriff. Mittelstürmer Lorenz raste
nach vorn, der Halbrechte Faul stand frei, und die Traktor-An-
hänger riefen im Sprechchor: »Foul! Foul! Foul!«

Gehorsam pfiff Wendulin und entschied, daß Lorenz ein Foul
begangen habe. »Schiedsrichter ans Telefon!« riefen die Zu-

»Weltrekord! Er hat
75 m übers Tor ge-
schossen!«

schauer – und Wendulin horchte auf. »Einen Augenblick!« sagte er zu den Spielern, verließ gemütlich das Spielfeld und ging ins Büro der Klub-Verwaltung, nahm den Telefonhörer ab und meldete sich: »Hier Wendulin!«

»Haben Sie keine Verbindung?« fragte Kollegin Schaller, nachdem Wendulin zum achtundzwanzigsten Male »Hier Wendulin!« gerufen hatte. »Merkwürdig«, sagte der Schiedsrichter, »man hat mir gesagt, daß ich am Telefon verlangt würde. Hier ist aber nur das Amtszeichen.« Nach einer halben Stunde kam er auf das Spielfeld zurück. »Liebe Zuschauer«, sagte er zum Publikum, »entschuldigen Sie die kleine Unterbrechung! Aber man muß Sie falsch unterrichtet haben: Ich wurde gar nicht am Telefon verlangt!« Dann blickte er zur Uhr und sagte: »Halbzeit.« Die Spieler gingen in ihre Kabinen.

Nach zehn Minuten ging es weiter.

Ein Angriff von Traktor wurde mit den Rufen begleitet: »Traktor vor, noch ein Tor!« Sie schossen es aber nicht.

»Haben Sie nicht gehört, was Sie machen sollen?« sagte Wendulin zu den Traktoristen. »Sie sollen ein Tor schießen! Also bitte!«

Traktor griff noch einmal an, aber vergeblich. »Traktor vor, noch ein Tor!« riefen die Zuschauer.

»Nun schießen Sie doch«, drängte Wendulin und legte den Ball auf den Elfmeterpunkt.

»Jodler müßte schießen!« rief die Menge.

»Wer ist Jodler?« fragte Wendulin den Mannschaftskapitän von Traktor.

»Den haben wir wegen einer Streitigkeit nicht aufgestellt«, erwiderte dieser.

»Dann soll er herkommen«, befahl der Schiedsrichter und ließ Jodler auf den Platz.

Oswald Jodler, der Glanzstürmer von Traktor, lief an. Mit aller Wucht schoß er – an den rechten Pfosten! Nachschuß – an den linken Pfosten! Noch ein Nachschuß – an die Latte.

Die Lok-Anhänger sangen: »So ein Tag, so wunderschön wie heute, so ein Tag, der dürfte nie vergehn ...«

Das hätten sie nicht singen dürfen.

Denn Schiedsrichter Wendulin ließ Jodler weiterschießen. Rechts vorbei. Links vorbei.

Und weil so ein Tag – so wunderschön wie heute – nach der Entscheidung des Publikums nie vergehen darf, schießt Jodler noch heute.

Fußballfreund Ede ärgert sich laut: »So macht Fernsehen keinen Spaß, wenn immer Dynamo Dresden verliert!« Fußballfreund Maxe bestätigt: »Ach ja, Ede, es ist traurig. Im Radio spielen sie auch nicht besser.«

Erwin F. B. Albrecht

Der Wartesport

Gespannt wie eine Boxerbraut vorm Auftritt des Geliebten war ich der Einladung gefolgt, die Privatausstellung »In der kleinen Ewigkeit« zu besuchen, eine Hinterlassenschaft des bekannten Kuriositätensammlers Prof. Dr. Dr. Erasmus Heumacher. In dem Saal traf ich zwischen Tischen und Vitrinen als einziger Besucher einen beweglichen Dreißiger an, der den Anschein erweckte, er müsse seine Freude mit jemand teilen. »Welche Einfälle, was für ein Witz, ich bin schon zum zweiten Mal hier«, begann er auf mich einzureden, »ein wahres Panoptikum des Wartens, sehen Sie doch nur: der Haufen Brötchen,

die ein Volk durchschnittlich zerkrümelt, während es auf den Ober wartet. Oder hier, dieser sinnreich konstruierte Bartwuchsmesser, 3,80 laufende Meter Vollbart würden im Durchschnitt einem fünfzigjährigen Bürger gewachsen sein, wenn man seine Wartezeiten beim Frisör zusammenzählt. Und hier, diese Tafel! Eine Minute stumpfsinniges Warten gleich ein Gramm gesetzt, sehen Sie nur, welche Bürde ein Mensch von dreißig Jahren schleppt!«

»Hat nicht gelohnt, Opa, Sie stehen immer noch Schlange.«
»Aber als wir anfingen, stand ich noch ganz da hinten.«

So machte mich mein gesprächiger neuer Bekannter, der sich zwischendurch als Sportlehrer Erich Blümel aus Berlin vorstellte, sachkundig mit den Exponaten bekannt, und mehr und mehr gefesselt, fragte ich ihn gegen Schluß des Rundgangs: »Was stellen denn diese beiden Wachsfiguren dar, der Neger und die Frau mit den Füßen direkt am Bauch?«
»Oh, Sie Neuling«, rief Blümel, »das sind zwei traurige Symbole der Warterei: der Mann, der wartete, bis er schwarz wurde, und die Frau, die sich beim Warten die Beine in den Bauch gestanden hat. Geben Sie zu, daß wir ähnlich der Freizeitgestaltung eine organisierte, unterhaltsame, möglichst heitere Wartezeitgestaltung brauchen?«
Eine Stunde später begannen wir bei einer Flasche Misket Blümels Idee zu diskutieren, und ein Vierteljahr danach sah ich mich als Sekretär der neuen »Liga für gestaltetes Warten«, Sitz Mühlenbeck, wieder.
Unsere Organisation war denkbar einfach. Die Zentrale befand sich in meinem kleinen Landhaus, das fortan den stolzen Namen »Wartburg« führte. Der Beitrag war bescheiden und

hieß Wartegeld, und die Mitglieder wurden Anwärter genannt und konnten sich zu Wärtern, Oberwärtern und Meistern des Wartens qualifizieren.

Schon bald veranstalteten wir den ersten Wettbewerb. Den zweiten Preis erhielt Wärterin Elvira Butzenhofer, die in jeder Speisegaststätte nach einigem vergeblichen Warten eine Schere hervorholte und aus der Speisekarte ein anregendes Puzzlespiel schnippelte, was allerdings meist durch den herbeistürzenden Kellner eine bedauerliche Abkürzung erfuhr.

Erster Preisträger wurde unser Mitglied Oswald Fähringer, dem eine Wartezeitgestaltung gelungen war, die bereits die Keime eines Nummernprogramms in sich trug. Da nämlich das Bestellsystem bei seinem Zahnarzt nicht klappen wollte und sich im Wartezimmer immer wieder größere Patientengruppen ansammelten, studierte Oswald mehrstimmig den Altschlager »Warte, warte nur ein Weilchen, bald kommt auch das Glück zu dir« ein. Noch während des Vortrages aber verfertigte der Warteleiter aus den zerlesen herumliegenden, durch ihre Klebrigkeit bestens geeigneten Zeitschriften kleine Fußbälle, mit denen die einen alsbald ein lustiges Toreschießen begannen, während die anderen mit Blasinstrumenten, Beifall oder Buhrufen das Publikum darstellten. Die Folge war hier freilich, daß der Zahnarzt, angeblich gestört, den Patienten Kaffee und Kuchen servieren ließ und dadurch unseren Bestrebungen die heitere Note nahm.

Einen Sonderpreis für die originellste Leistung erhielt Wartefreund Emilklaus Zastrow, der auf einem Bahnhof die in drei Reihen neben ihrem Gepäck harrenden Reisenden mit dem Kommando in Trab setzte: »Achtung, Achtung, sofort alles in den Tunnel runter! Der Bahnsteig wird gewaschen!« Bevor sich die Reisenden wieder gesammelt hatten, waren mindestens zehn Minuten unnützer Wartezeit wie im Fluge vergangen.

Allerdings haben wir auch Rückschläge zu verzeichnen. Seit Tagen läuft unser Vorsitzender, der Sportlehrer Erich Blümel, mit saurer Miene umher. »Mein Vorschlag«, verriet er mir, »analog dem Kunstradfahren auch eine Sparte Kunstwarten einzurichten, ist leider schiefgegangen. Ich wollte dem neuen Sport die ersten Wartesportwarte stellen, wollte den Zeitnehmer schaffen, der sich mal selber richtig Zeit nimmt, aber DTSB-Präsident Manfred Ewald hat auf meine Eingabe geantwortet: ›Da können die lange warten.‹«

Ich tröstete Erich. Vielleicht schaffen wirs doch noch. Wir haben ja schließlich warten gelernt.

Im Trainingslager von Traktor Wummersdorf ist eingebrochen worden. Der Polizist fragt einen 100-Meter-Läufer: »Haben Sie denn nicht versucht, den Kerl einzuholen?«

»O ja«, sagt der Läufer, »ich überholte ihn sogar und blieb in Führung, aber als ich mich umdrehte, war er weg!«

Eulenspiegeleien

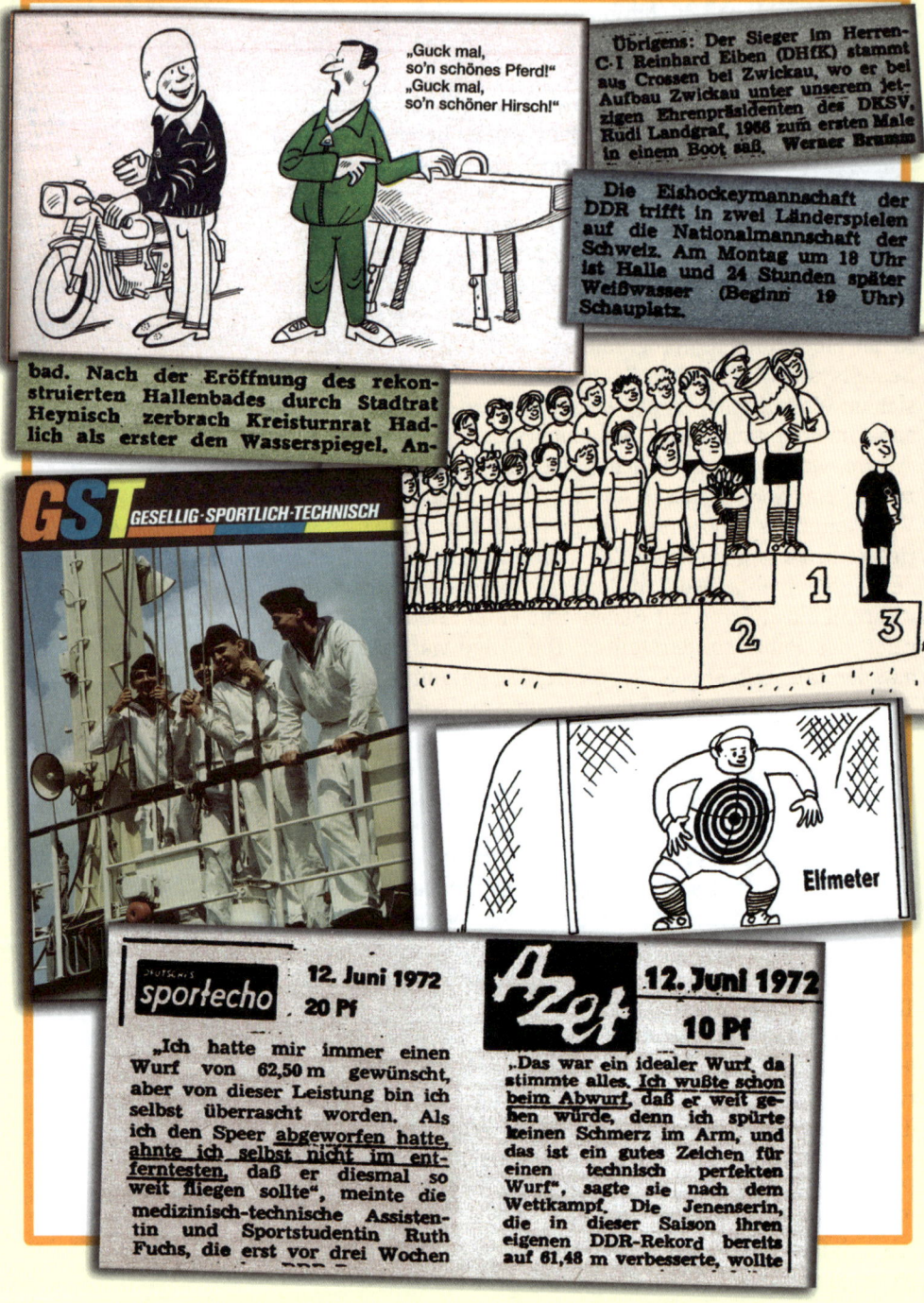

„Guck mal, so'n schönes Pferd!"
„Guck mal, so'n schöner Hirsch!"

Übrigens: Der Sieger im Herren-C·I Reinhard Eiben (DHfK) stammt aus Crossen bei Zwickau, wo er bei Aufbau Zwickau unter unserem jetzigen Ehrenpräsidenten des DKSV, Rudi Landgraf, 1966 zum ersten Male in einem Boot saß. Werner Bramm

Die Eishockeymannschaft der DDR trifft in zwei Länderspielen auf die Nationalmannschaft der Schweiz. Am Montag um 18 Uhr ist Halle und 24 Stunden später Weißwasser (Beginn 19 Uhr) Schauplatz.

bad. Nach der Eröffnung des rekonstruierten Hallenbades durch Stadtrat Heynisch zerbrach Kreisturnrat Hadlich als erster den Wasserspiegel. An-

GST GESELLIG · SPORTLICH · TECHNISCH

Elfmeter

sportecho 12. Juni 1972 20 Pf

„Ich hatte mir immer einen Wurf von 62,50 m gewünscht, aber von dieser Leistung bin ich selbst überrascht worden. Als ich den Speer abgeworfen hatte, ahnte ich selbst nicht im entferntesten, daß er diesmal so weit fliegen sollte", meinte die medizinisch-technische Assistentin und Sportstudentin Ruth Fuchs, die erst vor drei Wochen

Azet 12. Juni 1972 10 Pf

„Das war ein idealer Wurf, da stimmte alles. Ich wußte schon beim Abwurf, daß er weit gehen würde, denn ich spürte keinen Schmerz im Arm, und das ist ein gutes Zeichen für einen technisch perfekten Wurf", sagte sie nach dem Wettkampf. Die Jenenserin, die in dieser Saison ihren eigenen DDR-Rekord bereits auf 61,48 m verbesserte, wollte

Ernst Röhl

Alle zehne

Manche Leute halten nicht viel vom Kegeln. Dennoch steht
eines fest: Es ist nicht nur eine der ältesten, sondern auch eine
der am weitesten verbreiteten Sportarten, von den Annehmlich-
keiten des untrennbar damit verbundenen Biers ganz zu
schweigen. Schon die alten Ägypter kegelten mit Steinkugeln
auf Lehmkegel. Durchaus möglich, daß Ram-
ses seinerzeit eine bedeutende Spielerpersön-
lichkeit war. Auch unsere Urahnen in Mittel-
europa waren in grauer Vorzeit diesem Sport
offenbar herzlich zugetan. Wie anders sollte
man sonst die prähistorischen Kegelgräber
erklären, denen man hier und da begegnet.
Selbst im Tierreich spielen Kegel eine große
Rolle. Die Kegelrobbe (Halichoerus grypus),
die Kegelschnecke (Conidae) und die Kegel-
biene (Coelioxys) sind jedermann wohlver-
traut. Und was macht der Hase (Lepus euro-
paeus), wenn er sich auf die Hinterbeine
stellt? Jawohl, er macht einen Kegel.
Ich weiß, wovon ich rede; denn ich persönlich
war vor Jahren Kegelbruder beim Kegelklub
Concordia-Nordost. Und ich hatte Erfolg. Das
darf ich in aller Bescheidenheit sagen. Und
zwar nicht nur beim Absingen der bekannten
Innungslieder »Hau ruck! Schon wieder fal-
len alle Neune …« oder »Ein Kegler, der nicht säuft, ne Kugel,
die nicht läuft, ein Mädchen, das nicht stillhält …« und so weiter: Nein, ich war allen Ernstes der Schrecken aller Kegler des
nordöstlichen Randgebiets. Wenn ich die Bahn betrat, kriegten
alle Neune das große Zittern. Nicht ohne Grund hieß ich bei
Sportfreund und -feind »der Neuntöter«. Mit der Zeit allerdings
bin ich vom Kegeln etwas abgekommen. Wenn man keine Gegner hat, macht eben der schönste Sport keinen Spaß mehr!
Aber neulich lese ich in der Zeitung, daß sie in Berlin direkt
neben dem Rathaus eine nagelneue Bowlingbahn aufgemacht
haben. Nun, bei so einer Meldung rollt mein Keglerblut doch
ein bißchen schneller durch die Adern. Ich habe den Laden
noch am selben Abend unter meine kritische Lupe genommen
und muß sagen: Pikobello! Ich hätte am liebsten sofort meine
berühmt-berüchtigte unruhige Kugel geschoben, aber leider

*»Na denn, Jungs, alle
neune!«*

waren alle achtzehn Bahnen vorerst besetzt. So habe ich mir notgedrungen den Betrieb eine Weile von der gastronomischen Abteilung aus angesehen, bei einer »Spezial-Bowling-Platte« und ein paar zischenden Mollen.

Ich muß sagen, so sehr viel anders als das altdeutsche Kegelspiel ist Bowling nun auch wieder nicht. Es sind nicht neun Kegel, sondern zehn. Na bestens, werde ich ihnen eben die Zehne zeigen! Und wenn ein ganz schwacher Kegler vorbeiwirft, in die Rinne, die die Bahn auf beiden Seiten begrenzt, heißt es hier Foul. Das ist für Fußballer, für sogenannte Holzer, natürlich ideal, weil sie für diese Art Foul nicht vom Platz gestellt werden. In der alten Concordia-Bahn heißt so ein Fehlwurf Ratte, und das hat die Werbung weiblicher Mitglieder doch immer sehr behindert.

Es geht überhaupt ausgesprochen großzügig zu. Der Kegler kriegt nicht etwa nur eine einzige Kugel in die Hand gedrückt. sondern hat geradezu ein Kugellager zur Verfügung. Er kann sich einen Neunpfünder aussuchen oder, wenn er sich stark fühlt, auch einen Zehn-, Zwölf- oder Vierzehnpfünder. Ich kenne keine Branche, in der der Kunde eine so reiche Auswahl hätte. Und dann die Technik! Die umgeworfenen Kegel werden wie von Geisterhand im Handumdrehen aufgestellt. Und die Kugel kehrt auf der Bowlingbahn ohne solche Verspätungen zurück, wie man sie beispielsweise von der Eisenbahn her kennt.

Aber wenn man als Fachmann mit ansehen muß, wie Hinz und Kunz hier Kegel schieben, na Hilfe! Sie nehmen einen großen Anlauf, holen weit aus, und nichts passiert. Viel Aufwand und kein Ergebnis. Im Berufsleben fällt ja so was nicht weiter auf, beim Bowling jedoch ist es peinlich. Immerhin hat jeder seine Chance. Wem beim ersten Mal der große Wurf nicht gelingt, der hat eine zweite Kugel zum Abräumen. Ich habe es kurz vor Mitternacht mustergültig vorgeführt. Als Anschauungsunterricht für anwesende Kellner, die diese Seite ihres Berufs meistenteils nicht so recht beherrschen.

Schwierig wird es allerdings, wenn von den zehn Kegeln nur ein einziger stehenbleibt. Dann ist es mit dem Zielen allein nicht getan. Ich stelle mir in solchen Fällen immer vor, am Ende der Bahn stünde der Stinkstiebel, dem ich schon lange mal ein Ding verplätten wollte. Jeder hat ja derartige Leute in der Verwandtschaft und Bekanntschaft, einen Onkel zum Beispiel oder einen Chef. Auf diesen Abschußkandidaten muß man sich eisern konzentrieren, den Rest erledigt die hilfsbereite Kugel sozusagen im Selbstlauf. In diesem Sinne: Gut Holz!

Achim Fröhlich

Der Abstieg

Es erscheint paradox: aber die Schuld am überraschenden Abstieg des SC Holzdorf trug ausgerechnet der mit Abstand beste Spieler des Teams, der rechte Läufer Heinrich Grünschmidt.

Die Misere begann just zu der Zeit, da man Heinrich für die Fußball-Nationalelf entdeckte und er sein erstes Länderspiel bestritt.

Am Sonntag darauf bat der Holzdorfer Trainer freundlich: »Hör zu, Heini, für dich habe ich heute folgende Aufgabe, könntest du ...?«

Weiter kam er nicht.

»Ich weiß als Nationalspieler selber, was ich zu tun und zu lassen habe«, unterbrach Heinrich kühl. »Eure dauernden Bevormundungen habe ich bald satt!«

In diesen Worten lag bereits eine versteckte Drohung.

Das Spiel ging übrigens glatt verloren, weil Läufer Grünschmidt nur ungenau seinen Kontrahenten markierte, was gleichbedeutend mit drei Gegentoren war.

Leider ließ sich nun der Mannschaftsleiter zu einer leisen Kritik an der Spielweise des Nationalspielers hinreißen.

»Wenn euch der internationale Zuschnitt meiner Spielkultur nicht paßt«, drohte Heini, diesmal schon unverhüllt, »dann gehe ich eben! Nationalspieler nimmt man überall mit Kußhand auf!«

Diese Worte lösten in Holzdorf lähmendes Entsetzen aus. Es verbreitete sich eine Stimmung wie vor einem schweren Unwetter. Eine Beratung hinter verschlossenen Türen folgte der anderen. Voll Sorge blickten die Einwohner den nächsten Tagen und jedem Schritt Heinrichs entgegen. In der Kirche fanden Bittgottesdienste statt. Der Mannschaftsleiter wurde sofort seines Amtes enthoben.

Das Spiel des SC Holzdorf war nun – mit Rücksicht auf dessen zarte Nerven – nur noch auf Nationalspieler Grünschmidt

»Ein Volkssportgelände war nicht eingeplant!«

zugeschnitten. Die gegnerischen Mannschaften konzentrierten sich deshalb allein auf ihn, und schon war das gesamte Holzdorfer Spiel lahmgelegt. (Aus einer Elf war praktisch über Nacht eine Zehn geworden.)

»Na, wie möchtest du denn heute spielen?« hörte man den Trainer vor jedem Match bescheiden anfragen.

Heinis Kameraden hatten es sich längst abgewöhnt, vorwurfsvolle Worte, Blicke oder Gesten zu gebrauchen. Der Stamm-Torwart, ein ungezogener Frechling, der es gewagt hatte Heinrich eine »empfindliche Jungfer« zu heißen, wurde selbstverständlich hart bestraft und zum Reserve-Torwart der alten Herrn degradiert.

»Ich werfe meine Perlen vor die Säue«, erzählte Heini indes ungerührt jeden Abend in einer anderen Kneipe. »Ich glaube nicht, daß ich in der nächsten Saison noch hier spielen werde!«

Die Stimmung in Holzdorf wurde immer gedrückter. Seit Tagen schon beriet man einen Antrag zur Bildung eines »Komitees zur Erhaltung von Nationalspielern«. Allein man war sich noch nicht über den Vorsitzenden einig. Sämtliche Fußballenthusiasten des Ortes wurden vom Gemeinderat brieflich angewiesen, in bezug auf das schlechte Spiel des SC Holzdorf Ruhe, Rücksicht und Ordnung zu bewahren. Aus Furcht, ihr Nationalspieler könnte ihnen untreu werden, klatschten die Zuschauer auf den Rängen selbst bei Heinrichs verunglückten Paraden heftig und lautstark Beifall und stimmten fortwährend das Lied »Hoch soll er leben« an.

Der SC Holzdorf stand lange Zeit vor Saisonschluß als Absteiger fest.

Zwar gingen vorläufig Heinis kostbare Beine nicht verloren, dafür aber Sonntag für Sonntag die Punkte. Als man dazu überging, die Schiedsrichter zu bitten, Sportfreund Grünschmidts Nerven nicht durch überflüssige Pfeiferei zu strapazieren und ihm nach Möglichkeit keinerlei Vergehen anzukreiden, war es freilich schon zu spät. Der SC Holzdorf stand lange Zeit vor Saisonschluß als Absteiger fest.

So meldete sich Heinrich Grünschmidt, der Nationalspieler, eines Tages mit folgenden Worten beim SC Holzdorf ab:

»Als Nationalspieler habe ich es nicht nötig, in solch einer Stümper-Truppe zu spielen! Tschüß!«

Sprach's und ging. Zum SC Walddorf. Dort spielt er seit nunmehr acht Wochen.

Der SC Walddorf hat zur Zeit ein Punktverhältnis von 0:16!

7. Kapitel

Unter vier Augen

Über Verliebte und Verheiratete

1972 wird erstmals in der DDR ein Gesetz in der **Volks-kammer** nicht einstimmig verabschiedet. Vierzehn Abge-ordnete der Volkskammer stimmen mit Nein. Es geht um das »Gesetz über die Unterbrechung der Schwanger-schaft«. Einleitend heißt es: »Die **Gleichberechtigung der Frau** in Ausbildung und Beruf, Ehe und Familie erfordert, daß die Frau über die Schwangerschaft und deren Austra-gung selbst entscheiden kann.« Nicht vom Glück, das Kinder bedeuten, sondern vom sehr zweifelhaften Nutzen, den mancher aus ihrer Existenz zieht, ist in einem satiri-schen Sketch von Peter Gauglitz nachzulesen. Noch weit entfernt vom Kinderwunsch sind die Protagonisten in den Geschichten von Hansjoachim Riegenring und John Stave. Denn bevor – und wenn überhaupt – die Auserwählte sie erhört, sind Widerstände wie dicke, wachsame Tanten oder Peinlichkeiten wie unpassende Schlafgewänder aus dem Blickfeld zu schaffen. Vom mehr oder weniger **harmo-nischen Eheglück** erzählt Jochen Petersdorf, der im alko-holisierten Zustand seiner Gattin besser aus dem Weg gehen sollte, und auch Achim Fröhlich stellt Szenen einer Ehe dar, die vom geringen Verständnis eines Ehemannes für die Wünsche seiner Angetrauten zeugen.

Hansjoachim Riegenring

Warmes Herz mit kalten Füßen

Ich lernte sie im Zuge kennen.

Der Zug war voll. In jedem Urlaubsroman wird das so ausführlich beschrieben, daß ich darauf verzichte, die Literaturgeschichte um ein weiteres Kapitel über die Völlerei bei der Bahn zu bereichern. Ich saß zwischen zwei reichlichen Frauen. Jeder Schienenstoß brachte ihre Formen zum Zittern. Ich kam mir vor wie ein Hering in Gelee. Die Masse Mensch rechts von mir erzählte, sie fahre zum Wintersport. Es war die dickste Frau, die ich je gesehen habe. Eine Lawine auf Urlaub. Ich verliebte mich. Verzeihung, da habe ich etwas vergessen – der Satz muß erst später kommen. Ich kann kein Fett vertragen. Ich blickte nach vorn. Da stand mein Schicksal. Schwarz. Enge schwarze Hosen. Oben herum ebenfalls etwas enges Schwarzes. Die schwarze Seide zeigte, was sie verhüllte. Es riß mich empor. »Bitte«, flüsterte ich, »darf ich Ihnen meinen Platz anbieten?« Dieses Lächeln! Güteklasse eins. Sie sah mich an, sie sah den Platz an, sie sah mich an – der Platz war weg. Überflutet. Ich war empört. Ich erklärte, ich würde ihr den Platz verschaffen, und sollte ich mit Gewalt ... »Bitte nicht«, sagte der schwarze Engel, »das ist doch meine Tante.« Die Lawine blickte freundlich hoch. Ich fragte überflüssigerweise, ob ich mich vorstellen dürfe – dabei stand ich ja schon! – und erklärte, daß ich den Damen ganz zur Verfügung stände, und dann unterhielt ich mich mit der Nichte, und die Tante gab ihr Fett dazu.

Der erfahrene Leser weiß, was kommt: Die Liebe. Der Funke, der von Herz zu Herz springt, der wonnige Schauer, der die Seelen – Entschuldigung, das kommt davon, wenn man in der Straßenbahn in den Roman guckt, den der Nachbar liest.

Wir wohnten im gleichen Hotel. Wir frühstückten zusammen, wir gingen spazieren, es war herrliches Wetter, und sie hieß Annegret. Gern würde ich eine Geschichte schreiben mit heimlichen Küssen, mit zärtlichem Streicheln, mit verliebten Worten. Es tut mir leid, die Tante ließ das nicht zu. Sie brauchte Unterhaltung, sie ließ uns nie allein, wir wurden sie nicht los. »Du mußt«, sagte Annegret, »sehr nett zu meiner Tante sein, sonst kommen wir nie zusammen.«

Es ist nicht schwer, zu einer Nichte nett zu sein. Aber zu einer Tante, die drei Nichten dick und viereinhalb Nichten schwer ist ... Nun, ich habe schon viel Schweres durchgemacht. Warum nicht auch mal 'ne Tante. Es war nicht einfach, einen passenden Schlitten zu bekommen. Die Verleiher verlangten doppelte Gebühren und vollen Ersatz. Die Tante setzte sich auf den Schlitten. Sie verfehlte die Richtung, sie beherrschte ihre Sitzwerkzeuge nicht völlig, sie setzte sich in den Schnee. Als wir sie wieder aufgestanden hatten, war der Schnee weggetaut. Die Urlauber standen staunend umher. »Und das bei achtzig Zentimeter Schnee!« sagte einer andächtig.

Beim zweiten Versuch traf sie die Sitzfläche (des Schlittens), die Kufen sanken abwärts, bohrten sich sechseinhalb Zentimeter in den hartgefrorenen Boden, der Schlitten stand fest. Sämtliche Hotelgäste nebst Einheimischen gerieten in erregte Diskussionen über die beste Methode, die Tante auf den Schlitten zu bringen. Vier Bergführer, Männer mit Eisenmuskeln und Stahlsehnen, erklärten sich bereit, sie auf den Schlitten zu heben und dann schnell abzustoßen, Sie packten an. Ihre Hälse schwollen. Preßluft zischte durch ihre Kehlen. Ihre Gelenke knirschten. Dann ließen sie die Tante in den Schnee fallen und gingen mit zitternden Knien nach Hause.

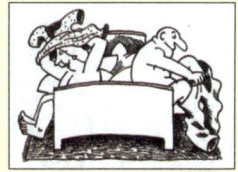

Die Tante schmollte. Sie wollte Schlitten fahren. Ich erfand einen Trick. Sie mußte sich breitbeinig hinstellen. Sechs Mann hielten sie an den Armen fest. Ich ließ den Schlitten langsam von hinten heran. fahren. Im richtigen Moment ließen die sechs los. Die Tante plumpste auf den Schlitten, ich sprang auf, und wir fuhren los.

Ich steuerte, so gut es ging, und das war sehr wenig. Unser Tempo übertraf alle jemals auf den Schlittenbahnen erreichten Rekorde. Die Wintersportler flüchteten aus Beineskräften, und die Bergstation gab Lawinenwarnung. Die Fahrt nahm ein gutes Ende. Ich kam auf die Tante zu liegen. (Sonst hätte ich diese Geschichte nicht schreiben können.)

Annegret fiel mir abends jubelnd um den Hals. »Du, die Tante ist ganz begeistert von dir. Paß auf, wir schaffen es noch, daß sie uns allein läßt!« Es war sehr kalt, und bevor unsere kalten Küsse zu warmen werden konnten, kam die Tante und holte uns zum Abendessen. Am nächsten Tag wollte sie Ski laufen. Ich konnte sie nur mit sehr vielen netten Worten davon abhalten, von der Sprungschanze zu springen, und bewahrte dadurch den Ort vor der totalen Zerstörung. Ich mußte den ganzen Tag mit ihr im Schnee herumtoben. Jedesmal, wenn sie fiel, hielt ich dreieinhalb Zentner in den Armen, und ich wäre doch mit viel weniger zufrieden gewesen.

Der Bürgermeister bat mich, jeden Tag einmal mit der Tante

zum Bahnhof und zurück zu wandern. Dadurch spare er das Geld für den Schneepflug.

»Hör mal«, sagte ich zu Annegret, »ich besitze kein Diplom als Gewichtsheber. Ich bin am Ende meiner Kräfte. Beim nächsten Fall lasse ich deine Tante liegen.«

»Bitte nicht«, bat sie, und ihre bernsteinfarbenen Augen küßten mich mit unsichtbaren Küssen, denn die Tante stand in der Nähe. »Du solltest mal hören, wie gut sie von dir spricht. Wir haben sie bald ganz auf unserer Seite.«

Die Tante schneewalzte heran. Ich bemühte mich, meinem Seufzer einen fröhlichen Anstrich zu geben. Tante hatte eine Bitte. Sie wollte Schlittschuh laufen. Sie strahlte vor Vorfreude so, daß ich fürchtete, das Eis würde schmelzen. Bevor wir die Eisbahn betraten, retteten sich die anderen Läufer in panischem Schrecken ans Ufer. Ich war überzeugt, daß unter dieser Last die Schlittschuhe das Eis glatt zerschneiden würden. Die Tante rutschte los. Sie konnte tatsächlich Schlittschuh laufen! Kein Weltmeister hatte je solche begeisterten Zuschauer. Es sah aus, als tanze ein Elefant Ballett. Dann wollte sie mit mir paarlaufen. Wir faßten uns an den Händen. Ich umkreiste sie wie ein Sputnik den Erdball. In der Mittagssonne entstanden einige Pfützen auf dem Eis. Die Tante raste quietschend hindurch. Die dritte Pfütze war keine Pfütze, sondern ein Loch. Die Tante verschwand, und aus dem Loch im Eis stieg eine gewaltige Fontäne. Mit Hilfe der Freiwilligen Feuerwehr, der Bergwacht und des Schützenvereins holte ich sie wieder heraus.

»Das wird sie dir nie vergessen«, rief Annegret begeistert, »daß du sie gerettet hast. Ich glaube, wir haben gesiegt.«

Die Tante ließ mich an ihr Bett rufen. »Sie haben mir das Leben gerettet«, sagte sie. »Sie sind ein guter Mensch, Sie sind ein mutiger Mensch. Sie waren immer so freundlich und nett zu mir – ich weiß«, und dabei blinzelte sie mich an, »das hat seine Gründe.«

Ich dachte an Annegret und freute mich.

»Ich bin einverstanden«, sagte die Tante. »Wann wollen wir heiraten?«

Die dritte Pfütze war keine Pfütze, sondern ein Loch. Die Tante verschwand.

Eulenspiegeleien

Rapunzel, laß auch dein Haar runter!

INTERNATIONALER FRAUENTAG 1971

– Mutterpflichten in sehr jungen Jahren sind vor allem für die Frau belastend und erschweren Ausbildung und Qualifizierung.

Margot Honecker hat Zwillinge bekommen. »Wie heißen sie denn?« wird sie gefragt. »Erich und Leonid.« – »Und wie halten Sie sie auseinander?« – »Wenn Leonid brüllt, macht sich Erich immer in die Windeln.«

Jochen Petersdorf

Siebenschläfer

Der Juni ist besonders reich an Tagen.

Es gibt den Tag des Kindes, den Weltumwelttag, den Tag des Eisenbahners und der Werktätigen des Verkehrswesens, den Tag des Lehrers, den Tag der Werktätigen der Wasserwirtschaft, den Tag der Genossenschaftsbauern und Arbeiter der

sozialistischen Land- und Forstwirtschaft, den Tag des Bauarbeiters – und: Siebenschläfer (27. Juni).

Im Gegensatz zu den genannten Ehrentagen steht Siebenschläfer nicht in jedem Kalender. Deshalb wußte ich auch nicht, ob ich und wem ich an diesem Tag gratulieren sollte. Ich vermutete sogar, daß dieser Tag offiziell gar nicht als Tag begangen wird. Denn in keiner Zeitung erschienen Aufrufe zur Spalierbildung – und auch in der Aktuellen Kamera wurde kein vorbildlicher Schläfer vorstellt.

Nun werden Sie fragen, woher ich dann eigentlich weiß, daß am 27. Juni Siebenschläfer ist.

Von Tante Hermine. Die hat alle Daten im Kopf. Sie ist eine wandelnde EDV-Anlage. Ihr Mann benutzt sie mehr als Waschmaschine. Aber eins weiß Tante Hermine auch nicht: Wer ist oder war dieser Siebenschläfer? Wie sah oder sieht er aus?

Wahrscheinlich ziemlich müde.

Aber wieso kriegt so ein müder Typ bei uns einen eigenen Tag? Da müßte ja so mancher einen kriegen.

Nein, ich vermute eher, es war ein Kollektiv. Sieben Schläfer. So wie die sieben Zwerge. Nur nicht so positiv. Mehr eine Gammeltruppe. Denn der Volksmund sagt: »Wenn es am Siebenschläfer regnet, dann regnet es sieben Wochen lang.«

Mein Neffe Robbi sagt: »Diese Theorie ist großer Quatsch – es kann aber auch was dran sein.« Er ist Meteorologe.

Ich wollte es aber genau wissen und beschloß, mal herumzuhören, was die Leute so meinen.

So ging ich am Siebenschläfer zunächst in mein Stammlokal. Es ist eine kleine Kneipe direkt neben meinem Betrieb. Wir nennen sie Werk II. Die Wirtin heißt Rosi. Sie sieht aber mehr aus wie Winnetou. Nach der dritten Lage sagte ich zu ihr: »Rosi, wie denkst du über Siebenschläfer?«

Sie schaute mich mit ihren schwarzen Glutaugen an und sagte: »Du alter Bock!«

Da wechselte ich die Gesichtsfarbe und das Lokal. Ich ging zum nahegelegenen Interhotel. Dort haben sie eine Glastür, die geht von selbst auf, sobald man kurz davor ist. Neuerdings sogar nach innen. Man kommt jetzt ohne Beule rein.

In der Hotelhalle stand ein geschniegelter Herr. Er hatte einen unheimlich abweisenden Blick. Daran erkannte ich: Es ist der Empfangschef. Ich drückte ihm meinen Briefkastenschlüssel in die Hand und sagte:»Fahren Sie meinen Wagen in die Garage.«

Als er aus der Ohnmacht erwachte, saß ich schon an der Hallenbar. Auf dem Barhocker neben mir hockte ein Barhocker und schnarchte. Der Barmixer machte bei jedem Schnarcher einen Strich auf die Rechnung. Ich bekam Mitleid mit dem Schläfer, weckte ihn und fragte:»Was halten Sie von Siebenschläfer?«

»Überhaupt nichts«, rief er. »Es ist eine Schande, daß so ein lahmer Gaul noch zum Rennen zugelassen wird. Wahrscheinlich kennt er einen einflußreichen Amtsschimmel.«

Dann erzählte er mir noch, daß er schon mehrmals auf der Trabrennbahn in Karlshorst einen großen Einlauf hatte.

Er sah auch sehr blaß und dünn aus.

Ich trabte von dannen. Draußen regnete es. Ich winkte nach einem Taxi. Der Taxifahrer winkte zurück. Schade, daß ich ihn nicht kannte. Nun kann ich mich nicht in der Abendzeitung für diese nette Geste bedanken. Ich ging zur Bushaltestelle. Eine kleine Omi sagte zu einem kleinen Opi:»Glaub's nur, Hermännel! Wenns am Siebenschläfer regnet, dann regnet es sieben Wochen lang.« – »Ist das schon mal eingetreten?« fragte ich.

»Schon oft«, sagte die Omi. »Man muß bloß da wohnen, wo es regnet.«

Als ich im Bus war, merkte ich, daß er nicht in meine Richtung fuhr. Aber aussteigen wollte ich nicht. Bezahlt ist bezahlt, behauptete ich jedenfalls, als der Kontrolleur kam. Er glaubte es erst, nachdem ich ihm 20,- Mark gegeben hatte.

Im anderen Bus, mit dem ich dann doch nach Hause fuhr, bezahlte ich normal mit zwanzig Pfennig. Es kam kein Kontrolleur. Wie mans macht, ist es verkehrt.

Meine Frau war in Gewitterstimmung. Ich kroch unter den Tisch. Er ist aus Buchenholz. »Die Buchen sollst du suchen!« sagt der Volksmund. Es schlug trotzdem ein. Meine Frau kennt wahrscheinlich die alten Sprüche nicht. Das ist traurig.

Für mich folgten genau sieben trübe Wochen – aber ich bin durchgekommen. Und wenn die Zeit ran ist, mache ich noch mal eine ganz fetzige Untersuchung übern Altweibersommer.

John Stave

Naturerscheinung

Der rechtschaffene Bürger und treusorgende Ehemann Willibald Herzchen (41) machte sich für die Nacht bereit. Er war jetzt elf Jahre verheiratet, aber zum ersten Mal standen ihm Stunden bevor, die er allein verbringen mußte. Seine Frau Adelheid war für zwei Tage weggefahren, zu einer Tante oder Cousine.

»Ich lasse mich scheiden!«
»Nicht schlimm, auf dem Gebiet gibts genügend Ersatzteile!«

Willibald Herzchen war vor seiner Ehe ein sogenannter lockerer Vogel gewesen. Der Schmetterling hatte von mancher Blüte genascht und auch dem Hopfen in Maßen seine Reverenz erwiesen. Aber Adelheid verstand es glänzend, im Laufe der Ehejahre mit Güte und vor allem mit Beharrlichkeit sämtliche Untugenden (oder was sie dafür hielt) in ihrem stillen Gatten abzutöten. Willibald Herzchen rauchte nicht mehr und empfand nach relativ kurzer Zeit Milch als bekömmlich. Von dem Nektar aus seiner Schmetterlingszeit überhaupt nicht zu reden!

Nun jedoch öffnet sich der Volksmund ein ganz klein wenig und gibt eine seiner üblichen Weisheiten von sich, die wir uns ausnahmsweise merken wollen. Sie lautet: »Ist die Katze aus dem Haus, tanzet auf dem Tisch die Maus.«

Wir sagten schon, daß sich Willibald Herzchen für die Nacht bereit machte. Er hatte sich der Kleider entledigt und nach einer flüchtigen Hals- und Ohrenwäsche ein schlohweißes Nachthemd angelegt. Er ließ, entgegen den Gepflogenheiten, das Licht in Bad und Korridor brennen und begab sich ins Schlafzimmer.

Heilige Adelheid! Auf dem Nachttisch standen fünf große Flaschen Bier und ein riesiger Aschbecher, daneben lagen Streichhölzer und ein ganzes Päckchen Zigaretten. Willibald schleuderte die Kamelhaarlatschen in irgendeine Ecke, grinste vergnügt, rieb sich die Hände und war mit einem Satz im Bett. Dort angekommen, steckte er sich eine Zigarette an und trank

in einem Zuge eine ziemliche Menge Bier gleich aus der Flasche. Es ging noch.

Draußen grollte der Donner. Draußen blitzte es wie aus heite-
rem Himmel. Starker Regen setzte ein und platterte auf die
Fensterbleche. Aber bei Willibald im Bett war es gemütlich. Es
fehlte eigentlich nur noch eine Fee … Plötzlich klingelte es
Sturm an der Wohnungstür. Willibald erschrak. Sollte Adelheid … Er öffnete das Fenster, ließ den Regen herein und den
Rauch hinaus, stellte die Bierflaschen und den Aschbecher
unter das Bett, versteckte Zigaretten und Streichhölzer im
Nachtschrank.

Es klingelte. ES KLINGELTE! Willibald
suchte seine Latschen und fand sie
nicht. Er schloß das Fenster und öffnete statt dessen die Korridortür. Was da
draußen stand war in keiner Weise
Adelheid. Es war vielmehr die junge
Frau des neuen Nachbarn Schisslowski,
der bekanntlich auf Montage weilt.

Sie sah reizend aus, hatte vor Schreck
geweitete, aber wundervolle Augen, und
das pechschwarze Haar glitt ihr in mäch-
tigen Strähnen über die fast bloßen zier-
lichen Schultern. Ein rosa Spitzenhemd-
chen flatterte verwegen in der Zugluft
des Treppenhauses.

»Retten Sie mich«, flehte Frau Schisslowski, und sie drang kurzerhand in die
Wohnung des Strohwitwers ein. »Ich

*»Det Bier is wie meine
Ehe, da is Hopfen und
Malz verloren!«*

fürchte mich so vor Gewittern.« Es blitzte. Die junge Dame
warf sich Willibald Herzchen an den Hals. »Beschützen Sie
mich!«

Ein gewaltiger Donner krachte. Frau Schisslowski schrie auf,
riß sich los, rannte ins Schlafzimmer, sprang ins warme Nest
und zog sich die Bettdecke über den Kopf. Willibald Herzchen
stand so unentschlossen in der Gegend herum wie eine Vase
voller welker Blumen. Er rieb sich die Augen. War das ein
Traum?

Auch rein äußerlich machte Willibald in seinem Nachthemd
nicht den allerschneidigsten Eindruck. Es blitzte und krachte.
»Wenn Sie nicht sofort ins Bett kommen, schreie ich«, rief Frau
Schisslowski und gab einen Moment lang den Blick auf ihr un-

vorstellbar blasses, aber auch unvorstellbar schönes Gesicht frei.

Willibald Herzchen stieg ihr nach … So. Und wer jetzt erwartet, daß sich da irgend etwas abspielt, das im Endeffekt eheliche Konflikte heraufbeschwören könnte, der ist ein Opfer seiner eigenen schmutzigen Phantasie geworden. Er sollte sich ein bißchen schämen und die Tür lieber nicht öffnen, wenn ein schutzbedürftiges Wesen geklingelt hat.

Frau Schisslowski zitterte an der Seite von Willibald Herzchen vor dem Naturereignis mit acht Buchstaben, und Willibald Herzchen zitterte vor Frau Schisslowski oder vor Adelheid – weiß mans?

Als sich das Gewitter verzogen hatte, tat Frau Schisslowski ein gleiches. »Wenn es wieder gewittert – darf ich wiederkommen?« Willibald Herzchen nickte matt. Er schloß sanft die Tür hinter dem himmlischen Wesen. Dann schlug er sich ein paarmal kräftig vor den Kopf. »Ich Ochse«, sagte er sehr selbstkritisch. »Ich Rindvieh!« Er schüttelte über sich selbst den Kopf.

Am nächsten Abend saß Willibald Herzchen in einem tadellos gestreiften Schlafanzug auf dem Korridor in unmittelbarer Nähe der Tür auf dem Sprung

Aber es kam kein Gewitter.

Welche Überlegungen stellt ein junges Mädchen an, das einen alten Mann heiraten will?

In den USA – Geld.

In Frankreich – ein erfahrener Liebhaber.

In der DDR – kann in den Westen fahren.

In der UdSSR – ein Kampfgefährte Lenins.

So gesehen

Alles, was er erreichte,
erreichte er durch seine Frau.
Alles, was sie versäumte,
versäumte sie durch ihren Mann.

Horst von Tümpling

Achim Fröhlich

Das Waffeleisen

»Christa hat vorhin angerufen«, sprach meine Frau.

»Na, und? Sie ruft doch fortwährend an.«

»Es geht um unsere silberne Hochzeit. Sie will wissen, was sie uns eventuell schenken könnte.«

»Und was hast du gesagt?«

»Ich habe gesagt: Ein Waffeleisen!«
Fast verschlug es mir die Sprache, dann brachte ich mühsam hervor: »Ein waaas??«

»Ein Waffeleisen«, versetzte meine liebe Gattin leichthin, »weißt du, das ist so ein Ding, mit dem man schöne knusprige Waffeln machen kann!«

»Das dachte ich mir«, erwiderte ich schroff, »oder dachtest du, ich dachte, damit werden die Waffeln zu Pulver zerstampft!«

»Warum fragst du dann so verwundert, als hättest du noch nie etwas von einem Waffeleisen gehört!«

»Weil ich mich frage: Wozu brauchen wir überhaupt ein Waffeleisen? Wir sind fast 25 Jahre verheiratet, und ich habe noch nie ein Waffeleisen vermißt!«

»Weil du im Grunde ein Land-Ei geblieben bist und nichts übrig hat für etwas Neues, Modernes!«
Meine Frau blickte mich höhnisch an.

»Ich??« rief ich laut. »Na, daß ich nicht lache!«

»Allerdings! Außerdem: Was sollten sonst die fleißigen Werktätigen in den Waffeleisen-Produktionsbetrieben machen, wenn alle so denken wie du und keine Waffeleisen kaufen?!"

»Nun komm mir nicht so«, protestierte ich energisch. »Vielleicht bin ich nach deiner Ansicht ein Waffeleisen-Griesgram und mache unsere Werktätigen arbeitslos, wie?«

»Du bist ein Waffeleisengriesgram!«

»Im übrigen kann man Waffeln ja auch im Laden kaufen«, warf ich ein. »Und man muß nicht extra ein Waffeleisen besitzen!«

»Ich finde aber«, beharrte meine Frau auf ihrem Standpunkt, »in jeden modernen Haushalt gehört ein Waffeleisen.«

»Aber wir beide essen doch gar keine Waffeln?!«

»Wenn wir erst ein Waffeleisen haben, werden wir schon welche essen.«

»Aber ich kaufe mir doch keinen Angelkahn, nur um mir das Fischessen anzugewöhnen!«

Ich blickte meine verehrte Gattin strafend an.

»Das ist doch glatter Unsinn, den du da von dir gibst«, sprach sie leise.

»49 Jahre lang habe ich die Waffeleisen nicht vermißt«, trumpfte ich auf, »da werde ich wohl auch noch den Rest meines Lebens ohne Waffeleisen überstehen!«

Meine mir Angetraute wurde immer kleinlauter. »Aber man kann's doch mal versuchen?«

»Nein«, blieb ich hart. »Solche Versuche haben wir genug überall rum zu stehen: Massageapparat, Heimsauna, diverse Mixer, Spezial-Schnitzler, elektrische Zahnbürsten, Teppichklopfmaschine, alles nur ein paar Mal benutzt, und nun liegt das Zeug überall rum.«

Ich kaufe mir doch keinen Angelkahn, nur um mir das Fischessen anzugewöhnen.

»Aber vielleicht liegt das Waffeleisen nicht rum?«

»Möglich. Trotzdem: Schade um das Geld. Da könnten wir uns wahrhaftig was Nützlicheres schenken lassen!«

»Dann sag du Christa, was du haben willst«, befahl meine Frau. Ich überlegte …

»Na, zum Beispiel, äh, eine …«

»Woran denkst du?«

»Zum Beispiel, äh, an eine Teemaschine, an einen Samowar …«

»Du bist ulkig! Wir trinken doch überhaupt keinen Tee!«

»Richtig, ja, stimmt«, antwortete ich verwirrt.

»Also, was soll uns Christa dann schenken?« drängte meine bessere Hälfte.

»Mäuschen«, sagte ich nach einer Weile des Schweigens bedrückt, »weißt du was …«

»Was?«

»Sag deiner Freundin Christa, sie soll uns ein Waffeleisen schenken!!«

Peter Gauglitz

Männe kommt nach Hause

Und zuerst begrüßt er mal seine Angetraute, die Frau des
Hauses.
»Nahbend, Gusti!«
»Nahmd, Männe!« Worauf Männe, auch ein kurzangebundener
Kuß wurde zwischenzeitlich realisiert, sich interessiert um-
blickt. »Wo issen Sohni hin?«
»Stube«, gibt Gusti Auskunft. »Sitzt am Fernseh, kuckt sich In-
spektor Mehgreh an.«
»Jaja«, sagt Männe, »ist ja auch schon ganz schön spät.«
»Gleich neun, Männe.«
Nun könnte Männe richtig ein-
werfen. »Du liebe Zeit ...«, er
könnte gähnen, was er aber
nicht unternimmt. Männe fragt:
»Was hast du'n heute alles so
gemacht, Gusti?«
»Jede Menge Arbeit hab ich wieder mit unsern Sohni gehabt.«
»Soso«, sagt Männe. »Erzähl
mal ...«
Gusti, Frau und Mutter in Per-
sonalunion, gibt einen Abriß
zum besten: »Um dreie isser
nachm   Konsum   nach   eine

Büchse Dosenleberwurst und anschließend dran hab ich ihm
zum Bäcka nach Knüppel und Schweineohrn geschickt.«
Wirft Männe ein: »Stimmt, geschickt isser, unser Sohni ...«
»Halb so wild. Die Tütenkaffeesahne hatter verschwitzt. Muß-
ter ehmd noch mal ne Sause machen.«
Männe sagt erneut: »Soso. Haste sonst noch was Wichtiges ge-
macht, Gusti?«
»Klar! Hab Sohni zu Jemüse-Spilling nach Kola geschickt,
nachn Kurzwarenladen nach Twist, zu Elektro-Krusemark nach
Isolierband, und aufm Zurückweg hatter gleich noch ein hal-
bes Kilo Wandnägel und ne Mausefalle mitgebracht.«
»Ne Mausefalle?«
»Fürn Kater. Wo er doch immer lahmer auffe Pfoten wird.«
Männe bringt sein Mitgefühl für das alternde, jetzt schon be-
hinderte Haustier zum Ausdruck.

Worauf er sich kurz und schmerzlos nach dem Verbleib seines
nylonenen Sonntagshemdes erkundigt.
»Nach der Reinigung hat Sohni nicht mehr hingekonnt, Männe.«
»Wieso'n nicht?«
»War doch schon fast sechs. Mußte ich Sohnin wie'n Blitztele-
gramm nach Schlächta in Trab bringen.«
Männe bemerkt, Zeit wäre Glück, doch die flexible Anleitung
Untergebener reiße eben so manches wieder raus.
»Na, Hauptsache, Sohni hats noch geschafft.«
Was Gusti zugeben muß. »Geschafft hatters, obwohl der
Schlächta gesteckt voll von Berufstätige gewesen ist. Bloß für
die Zigaretten hats nicht mehr hingelangt. War schon überall
zu. Schicksal.«
»Nicht. So so ...«

*»Ich passe ja auf, daß
dir nichts passiert!«*

»Nu mach man nicht gleich so'n eingekniffenes Gesicht, Männe.
Ich schick unsern Sohni gleich noch inne ›Feuchte Ecke‹ nach
Eff sechs rüber.«
Männe besieht sich seine Uhr und wackelt mit dem Kopf.
»Also, ich weiß nicht, Gusti ...« Dann marschiert er aber doch
eine Tür weiter, stutzt und ruft: »Mann, Gusti, der Kleine ist
vorm Fernseh eingeschlafen!«
»Weck ihn auf! Er muß noch seine Schularbeiten machen!«

8. Kapitel

Wo wir sind, ist vorn

Es geht seinen sozialistischen Gang

Mit Beginn der siebziger Jahre wird die DDR in bisher
versagtem Maß auf internationalem Parkett auftreten.
1972 wird sie Mitglied der **UNESCO**. Sie unterhält nun
diplomatische Beziehungen zu 56 Staaten. Während
die Staatsführung die **Anerkennungswelle** feiert, macht
sich der Satiriker Hans Krause seinen eher praktischen
Reim darauf: Schließlich bringt ja ein Schild »CD« Vorteile
im Straßenverkehr. Und auch die diplomatischen Bankette
sind nicht zu verachten, also: **Welt charascho** und
Konflikte passé! Gedanken anderer Art macht sich der
brave Schüler Ottokar. Natürlich weiß auch er: Von der
Sowjetunion lernen, heißt siegen lernen – aber wie meinte
der **Genosse Lenin** das mit der Köchin, die den Staat
regieren soll? Vom großen Bruder kommt auch die
revolutionäre Korsakoff-Methode, deren Anwendung
allen Werktätigen Herzenssache und Erfolgsgarant für
den Sieg des Sozialismus ist – beim Distel-Autor Heinz
Helm nachzulesen. Und wer nicht weiß, was diese
Methode ist, der halte sich an Edgar Külow: Die Hauptsache ist der Effekt.

Hans Krause

Kuddeldaddeldu auf einem Diplomatenempfang

Der Inselstaat
Alcolat,
zwischen Kap Maizena und Steuvesandland,
hat kürzlich die DDR anerkannt.
Der Staat ist nur klein,
doch was sein muß, muß sein.
Zwar kommt er sehr spät,
aber das fällt konkret
betrachtet, nicht ins Gewicht;
denn vor 14 Tagen, da gab's ihn noch nicht! –
Und weil Kuddel just am selbigen Tag
in Alcolat-City vor Anker lag,
bat man ihn, weil noch nicht komplett,
zu einem Stehbankett.
Kuddel überlegte nicht lange,
putzte die Ordensspange,
machte Toilette,
klemmte sich flugs, denn die Etikette
war ihm nicht fremd,
eine Smokingfliege ans Seemannshemd,
gab sich 'n Stoß
und schipperte los! –
Ein Stehbankett, dreimal dürfen Sie raten,
ist eine Sause für Diplomaten.
Doch damit man nicht solang bleibt,
bis der Schampus das Fest auf die Spitze treibt,
Lieder singt,
Brüderschaft trinkt,
Gläser zerschmeißt,
politische Witze reißt
oder sich Kommuniqués um die Ohren haut,
hat der Protokollchef die Stühle jeklaut! –
Am Eingang empfing ihn ein Herr in Livree.
Portier, Attaché,
Admiral oder wie,
das weiß man hier nie.
Er stelzte gewichtig auf Kuddel zu,
sagte freundlich: How do you Daddeldu!
Und fragte, denn es war der Empfangssekretär,

ob Daddeldu in Begleitung wär'.
Kuddel verneinte
und meinte,
es habe ihm leider keiner gesagt,
daß er hier, wo die Creme der Gesellschaft tagt,
laut Protokoll
mit 'ner Ische antanzen soll.
Doch wenn es üblich sei und genehm –
kein Problem!
Er mache sich gleich mal flugs auf die Beine.
Im »Fröhlichen Haifisch«, da wisse er eine!
Der Sekretär fand den Vorschlag banal,
rümpfte sich eins und rief in den Saal:
»Seine Exzellenz Marquie
Kuddel von Daddeldü,
Lord of Wurzen und Neuenhagen!«

Kuddel hätte sich gern in die Büsche geschlagen,
doch da schoß ein Tablett mit Sekt auf ihn los,
und da, wie famos,
was er selten gefunden,
acht Gläser drauf stunden
und der Ober grad an seine Plattfüße dachte –
soff er die achte! –
Was einen gewaltigen Eindruck machte! –
Ein Herr bat ums Wort. Doch Kuddel, inzwischen
gewaltig enthemmt vom Schampus, dem frischen,
kam ihm zuvor
und rief in die Runde: Wo ist der Chor
diplomatique? –
Denn er liebte Musik!

Und er meinte, daß er gern beitreten wolle,
denn er habe 'ne Stimme, 'ne schöne, 'ne volle,
'ne laute, leise, triste, fidele,
kurz: eine sehr diplomatische Kehle.
Und außerdem sei er wild
auf das Schild:
»CD«.
Dann könne er auf der Karl-Marx-Allee
endlich auch mal mit 90 Sachen
die Weißen Mäuse zur Minna machen!
Der Hausherr sagte: Gemach, gemach!
Und während er Kuddeln freundlichst versprach,
den Antrag zu prüfen,
widmete der sich den Aperitifen,

diskutierte mit Briten, parlierte mit Finnen,
mit Schweden, Lappen und Lappländerinnen,
traf alte Bekannte und Herzensverwandte,
und der Gesandte
von Tahiti
fragte ihn plötzlich:
Was halten Sie
von der Lage?

Kuddel meinte: Dies sei eine wichtige Frage!
Er selber benutze, wenn's der Umstand gestatte,
noch immer am liebsten die Hängematte,
doch wenn er mit seiner Braut Henriette –
dann täte er dies doch lieber im Bette,
denn die sei nun mal nicht so fürs Robuste.
Und da der Dolmetscher grade mal mußte,
verstand der Gesandte natürlich kein Wort
und meinte: Ganz meiner Meinung, Mylord!
Plötzlich sah Kuddel ganz in der Näh'
den Diplomaten der BRD.
Er ging auf ihn zu,
sagte: Nanu?
Sie sind ooch schon da?
Und der sagte: Ja!
Aber im Gegensatz zu Ihrer DDR,
mein Herr,
kommen wir mit einem Millionenkredit
guter,
harter Valuta –
und das zieht!
Schön, meinte Kuddel, das ist zwar wahr,
doch dafür kassieren Sie Freiheit in bar! –
Aber nein! Mitnichten!
Die Leute hier brauchen sich nur zu verpflichten –

die bundesdeutsche Trommel zu rühren
nach bundesdeutschem Modell zu regieren,
die bundesdeutschen Interessen zu wahren,
Asbach zu saufen, Mercedes zu fahren,
der Springer-Presse Gehör zu schenken –
und ja nicht volksdemokratisch zu denken!!!
Aber sonst – und das dürfte bewiesen sein –
mischen wir uns nicht ein!!! –
Und dann bat der Gastronomie-Attaché
zum kalten Buffet!
Nein, war das eine Lust!

Da gab es Pute und Gänsebrust,
Wachteln, Schnecken, Austern, Kroketten,
Kolibrizunge und Seepferdbuletten,
Laubfroschgebeine, gefüllte Banane,
gebackene Spinnen, Krokodilschwanz in Sahne,
Wasserflohcocktails und Käsegebäck!
Kuddel suchte den Aal. Doch der Aal war schon weg.
Denn die diplomatische Hautevolee
von der Spree
hatte die treffliche Chance genutzt
und den Räucheraal schon siegreich verputzt!
Kuddel entschied sich für Peking-Ente,
und während er diese beharrlich zertrennte,
stand neben ihm
plötzlich der Genosse Jefim

Jefimowitsch Pawlow aus der SU
und sagte zu Daddeldu:
Alles so friedlich
und so gemütlich,
man könnte denken: dies immer so!
Welt charascho!
Konflikte passé!
Aber nee!
Auch Schlacht am Buffet
mit gluck, gluck und mampf, mampf
sein Klassenkampf!
Kuddel senkte den Blick,
legte die Peking-Ente zurück

und hielt sich fortan – denn der Rat war ihm teuer –
an russische Eier! –
Es wurde noch reichlich gespachtelt, geprostet,
gelächelt, geplaudert und freundlich getoastet,
die Damen verströmten die Sex-Appeale,
und gegen zwölfe brachte man Stühle!
Am nächsten Tag stand im Morgenblatt,
der Staatsminister von Alcolat
habe gestern abend, in dem Bestreben,
die politische Aktivität zu beleben,
einen Cocktail gegeben! –

Und während Kuddel den Eisbeutel füllte,
einen Rollmops entrollte, die Zeitung zerknüllte,
dachte er: Habe ich richtig gelesen? –
Mir ist, als seien es dreißig gewesen!

Ottokar Domma

Was man vom Genossen Lenin lernen kann

Unsere Lehrer haben schon oft vom Genossen Lenin erzählt, und man muß sagen, daß sie allerhand wußten. Zum Beispiel unser Herr Direktor Keiler. Er hat viele Bücher vom Genossen Lenin gelesen, und wenn er eine Rede hielt, ermahnte er uns immer: wir werden lernen, lernen und nochmals lernen. Dies ist ein Lieblingssatz von unserem Herrn Keiler. Und wir müssen immer daran denken.

Aber da geht es schon los, und es ist schade, daß der Genosse Lenin nicht mehr erlebt, wie schwer es heute für einen sozialistischen Knaben ist. Zum Beispiel gab es einmal abends im Fernsehen einen Film. Er hieß: Der Mann mit dem Gewehr. Als ich mich so richtig hinsetzen wollte, um mir den Film ansehen, sprach meine Mutter: »Ich seh wohl nicht richtig! Marsch ins Bett und wasch dir den Hals und die Ohren!« Dem entgegnete ich, daß ich bleibe; denn es ist ein Film von Lenin,

> Mein Freund Harald meinte, wir geben die Revolution nicht auf und machen einen Subbotnik oder zwei.

und den muß man sehen. Meine Mutter bekam Knopfaugen und fragte den Vater, wieso er so stumm ist, und er soll ein Machtwort reden. Aber ich erwiderte, man muß lernen, lernen und nochmals lernen, und ich will vom Film lernen, wie es damals war. Der Vater wollte schon klein beigeben, aber als die Mutter anlief, nämlich rot, gab er den Widerstand auf und befahl: Hau ab! So kam es, daß ich den Mann mit dem Gewehr bloß durchs Schlüsselloch sehen konnte. Was lehrt uns das Beispiel? Es lehrt uns, daß es noch fortschrittliche Eltern gibt, welche Muttermale haben, nämlich alte. Sie denken, ein Kind ist noch zu doof. Deshalb muß man diese alten Muttermale entfernen. Das hat auch der Genosse Lenin gesagt.

Unser Herr Burschelmann hat vom Genossen Lenin etwas anderes gelernt, nämlich folgendes: Man muß mitplanen, und dieses kann man nur, wenn man richtig rechnet. Auch kann dann eine Köchin regieren. Deshalb soll die Carmen Wurzel an die Tafel kommen und eine Aufgabe lösen. Aber die Carmen Wurzel will gar keine Köchin werden, sondern eine Schlagersängerin oder Frisösin. Der Herr Burschelmann war gleich bedient und sprach, die Carmen ist immer noch leicht besengt. Das kommt davon, wenn man Flöhe hat, besonders in den Ohren. Die Wally soll die Aufgabe weiterrechnen. Die Wally tat es. Denn sie ist ein Mitglied des Freundschaftsrates, und als solche kann sie jetzt schon ganz schön befehlen und regieren. Jetzt muß man ihr bloß noch beibringen, daß sie eine Köchin wird.

Was lehrt uns das Beispiel? Es lehrt uns, daß man nicht bloß schön reden darf, sondern man muß auch Mathematik lernen, sonst wird man von einer regierenden Köchin abgelöst. Auch das hat vielleicht der Genosse Lenin gesagt.

Dagegen hat unser Fräulein Heidenröslein den Genossen Lenin von einer anderen Seite kennengelernt. Sie sagte, daß er die Blumen geliebt hat, und deshalb bepflanzen die sowjetischen Pioniere viele Plätze mit Blumen. Als sie das aussprach, schaute sie zum Fenster hinaus und jammerte, ihr wird ganz übel. Die faule Mia flüsterte gleich zur Gerlinde Bunzel, daß sie weiß, wovon einem übel wird, nämlich wenn man ein Kind bekommt. Daran kann man erkennen, daß die faule Mia bloß Liebesbücher studiert und nicht den Genossen Lenin. Deshalb meldete ich mich, indem ich sprach: »Ich kann mir schon denken, wovon Ihnen übel wird, nämlich von dem mistigen Schulhof und nicht von unserer Schulspeisung oder dem anderen. Darum muß man eine Blumenbrigade bilden. Wer mitmacht, soll sich melden.«

Aber es haben sich bloß ein paar gemeldet. Mein Freund Harald meinte, wegen den faulen Säcken geben wir die Revolution nicht auf, und wir machen einen Subbotnik oder zwei. Das taten wir auch. Aber es wurde nicht bloß ein Subbotnik, sondern ein ganzer Aprilnik, das heißt zu deutsch ein Arbeitsapril. Als dann der Schulhof schön war und schon blühte, lobte der Herr Direktor

unsere Klasse und rief: »Wir sind eine Menschengemeinschaft.«
Was lehrt uns das Beispiel? Es lehrt uns, daß es welche gibt,
die arbeiten, und welche, die faul sind, bloß zugucken und blöd
quatschen. Wenn sich aber danach alle gemeinsam darüber
freuen, nennt der Herr Direktor dies eine Menschengemeinschaft. Ob das der Genosse Lenin auch so gelehrt hat, weiß ich
noch nicht. Es kommt vielleicht später dran.

Auch unsere Frau Seidenschnur kennt den Genossen Lenin
ziemlich gut, und sie erzählte, wie er die Kinder liebte. Einmal
hat ihm ein kleiner Strolch sogar die Uhr geklaut; denn er wollte ein Flieger werden. Der Genosse Lenin hat das erst gar nicht
gemerkt und dem kleinen Strolch beschrieben, wie jetzt alles
anders wird unter der Sowjetmacht, und er kann ein Flieger
werden. Der kleine Strolch hat zugehört und nachgedacht, und
als sich der Genosse Lenin von ihm verabschiedete, ist der
kleine Strolch ihm nachgerannt und gab ihm die geklaute Uhr
wieder. Der andere Genosse, der mit dem Genossen Wladimir
Iljitsch zusammen war, sagte, man muß den kleinen Strolch für
diese Frechheit einsperren. Aber der Genosse Lenin erwiderte, wozu? Denn der kleine Strolch hat ja die Uhr freiwillig zu-
rückgegeben, und er wird sich ändern. Auch muß man Vertrau-
en haben.

Diese Geschichte hat uns sehr gut gefallen, und wir mußten
daran denken, daß bei uns noch nicht alle so wie der Genosse
Lenin sind. Als zum Beispiel die Bärbel Patzig einmal heulte
und schrie, daß ihr jemand den neuen Füller geklaut hat, da
ließ sich unser Herr Luschmil gleich alle Schultaschen vorzei-
gen. Aber ich zeigte ihm meine nicht und sagte, daß ich kein
Dieb bin, sondern ein Pionier. Der Herr Luschmil erwiderte, das
ist schon verdächtig, und schrieb mich gleich ins Klassenbuch
ein. In der Pause brachte dann ein Schüler aus der anderen
Klasse den Füller, denn er fand ihn im Biokabinett.

Was lehrt uns das Beispiel? Es lehrt uns, daß es bei uns manchmal noch schwer ist, ein Flieger zu werden, und man muß sehr
gesund sein, in der Brust, im Kopf und überall. Auch muß man
Herrn Luschmil vertrauen; denn er und auch die Menschen ändern sich.

In der Eremitage in Leningrad hängt ein Bild mit dem Titel »Lenin in Polen«. Ein Besucher bleibt stehen und stutzt. Er schaut das Bild lange an und fragt schließlich einen Aufseher: »Wieso heißt das Bild ›Lenin in Polen‹, da ist Lenin doch gar nicht drauf?«
Der Aufseher: »Das stimmt. Aber was sehen Sie auf dem Bild?«
Darauf der Besucher: »Ich sehe eine Frau, es ist die Krupskaja, mit einem jungen Mann beim Beischlaf. Aber das ist doch nicht Lenin!«
»Genau«, sagt der Aufseher, »Lenin ist ja in Polen ...«

Eulenspiegeleien

Das Übersteigen des Zaunes, wenn die Tore verschlossen sind, wird polizeilich verfolgt.
Bezirkskrankenhaus Potsdam

Alle in der Wirtschaft tätigen Leiter lernen sofort Griechisch.– Warum? – Sie sind mit ihrem Latein am Ende.

Deutsche Demokratische Republik
Deutsche Akademie der Landwirtschaftswissenschaften zu Berlin
Institut für Forstpflanzenzüchtung Graupa
Abteilung Forstpflanzenzüchtung
Zweigstelle Waldsieversdorf
Außenstelle Bad Doberan

1. Mai 1972

„Wann gedenken Sie diesen Aktenvorgang endlich abzuschließen, Kollege?"

Anläßlich des Tages des Gesundheitswesens 1971 wurde die bisherige Heilstätte für Tuberkulose und Lungenkrankheiten Pulsnitz zur „Heilstätte für Lungenkrankheiten und Tuberkulose" ernannt. Damit werden die in langjähriger Arbeit

Anfrage an den Sender Jerewan: Glauben in der Sowjetunion noch viele Erwachsene an den Weihnachtsmann? Antwort: Im Prinzip nein – in der Politik ja.

Heinz Helm

Die Korsakoff-Methode

Achtung, Peter – wir gehen gleich übern Sender!!

Reporter: Meine lieben Hörerinnen und Hörer, wir sind heute mit Berlin-Alexanderplatz im VEB Wälzmaschinen und Büroklammern. Genosse Hammerlöwe! Sie sind Generaldirektor. Wir haben heute morgen mit großer Freude im Zentralorgan gelesen, daß die Werktätigen Ihrer Betriebe in diesem Jahr 500000 Mark durch die Korsakoff-Methode einsparen wollen.

Generaldirektor: Ja, das ist richtig! Mit Stolz und Freude können wir feststellen, daß unsere Werktätigen ständig und mit Begeisterung dem großen Vorbild unserer sowjetischen Neuerer nacheifern und insbesondere durch diese Korsakoff-Methode sogar eine halbe Million Mark einsparen … wollen. Das Beispiel unserer sowjetischen Neuerer ist uns eine hohe Ehre und Verpflichtung zugleich, und wir werden alles daransetzen, diese Methode durchzusetzen.

Reporter: Ja, sehr schön, Genosse Generaldirektor. Aber worin besteht denn nun das Wesentliche dieser Methode?

Generaldirektor: Also, das Wesentliche dieser Methode besteht zunächst einmal darin, daß sie im ND veröffentlicht wurde. Am besten sprechen Sie mit dem Leiter des Neuerer-Büros. Ich habe jetzt Leitungssitzung. Guten Morgen! *Ab*.

Reporter: Genosse Untermann! Vom Generaldirektor Ihrer VVB werden wir Ihnen zugesandt, damit Sie uns etwas über die großen Erfolge Ihrer Neuerer berichten.

Neuerer: Mit Stolz und Freude können wir feststellen, daß unsere Werktätigen ständig und mit Begeisterung dem großen Vorbild unserer sowjetischen Neuerer nacheifern und 500000 Mark durch die Lunikoff-Methode einsparen werden.

Reporter: Sie meinen Korsakoff-Methode!

Neuerer: Natürlich. Ich bin schon ganz durchgeneuert. Lunikoff war ja ein älterer Neuerer. Wo waren wir stehengeblieben?

Reporter: Bei der Korsakoff-Methode,

Neuerer: Ja, also mit Stolz und Freude können wir feststellen, daß unsere Werktätigen ständig und mit Begeisterung dem großen Vorbild unserer sowjetischen Neuerer nacheifern und 500000 Mark durch die Korsakoff-Methode einsparen werden.

Reporter: Das hat uns schon Ihr Generaldirektor berichtet. Wir möchten, gerne wissen, wie sich diese Korsakoff-Methode auf das Bewußtsein der Betriebsangehörigen auswirkt.

Neuerer: Jeder zweite Angehörige unseres Betriebes ist ein

Ein Dreiundneunzigjähriger ist in die SED eingetreten. Fragt ihn ein Bekannter: »Warum trittst du denn in deinem hohen Alter noch in die Partei ein?«

»Ach«, antwortet der Greis, »besser es stirbt ein Parteimitglied als einer von uns.«

Neuerer! Jeder dritte ist ein noch neuerer Neuerer! Genosse
Korsakoff würde sagen: Hier neuert sich was zusammen!

Reporter: Fabelhaft! Da haben Sie mit den Plänen bestimmt
keine Schwierigkeiten.

Neuerer: Nein. Nur bei der Erfüllung hängen wir noch ein bißchen durch, aber durch die Korsakoff-Methode – natürlich
vorne dran. Aber da kommt übrigens gerade ein Freund von
der Jugendbrigade.

Jugendbrigadist: Freundschaft!

Reporter: Freundschaft! Gestatte eine Frage: Wie steht ihr zur
Korsakoff-Methode?

Jugendbrigadist: Ja, also für uns als Jugendliche ist sie der
Grundstein für eine lichte Zukunft. Wir stehen heute schon
staunend vor der Produktivität von morgen. Wir Jugend-
lichen fordern, daß die Korsakoff-Methode im Jugendgesetz
berücksichtigt wird.

Reporter: Na, was hat euch denn die Korsakoff-Methode ein-
gebracht?

Jugendbrigadist: Aber wer wird denn so materiell denken! Es
geht um die Anwendung der sowjetischen Korsakoff-Methode bis zum letzten Mann.

Reporter: Welche Erfolge habt ihr nun zu verzeichnen?

Jugendbrigadist: Der Zentralrat der FDJ hat uns mit der Artur-
Becker-Medaille ausgezeichnet.

Reporter: Und welche Erfahrungen habt ihr, mit der Methode
gemacht?

Jugendbrigadist: Dafür hab ich jetzt keine Zeit. Ich muß unsere Mädchenbrigade noch mit der Korsakoff-Methode bekannt
machen. Aber da kommt unsere Raumpflegerin, Kollegin Lehmann. Vielleicht kannste die mal fragen!

Reporter: Kollegin Lehmann! Was halten Sie von der Korsakoff-
Methode?

Lehmann: Wat für'n Ding?

Reporter: Korsakoff-Methode.

Lehmann: Einwandfrei! Det is der Weg zum Sozialismus! *Ab.*

Reporter: Ja, liebe Hörerinnen und Hörer! Sie hören es. Das ist
Korsakoffscher Elan. Bemühen wir uns, alle nach dieser Methode zu arbeiten für eine helle Zukunft. Damit gebe ich zurück zum Funkhaus.

Arbeiter zum Reporter: Hör mal, Peter, ich habe das Ganze mit-
verfolgt und bin wahrscheinlich der einzige Doofe in der ganzen DDR. Was is denn nun eigentlich die Korsakoff-Methode?

Reporter: Is doch egal, die Hauptsache ist doch, alle arbeiten
danach!

Edgar Külow

Die Hauptsache ist der Effekt

Eigentlich sollte es nur einfaches Tafelwasser geben; denn es handelte sich um eine Ökonomie-Konferenz von Betrieben, deren Pläne seit langem nicht erfüllt wurden. Durch einen Einspruch aus dem Bezirk Karl-Marx-Stadt war jedoch das Tafelwasser »Ambassador« auf Tonic-Water erhöht worden. Über dem Präsidium prangte in Rotweiß 18 x 4,5 m Querformat die Losung: »Spare mit jedem Pfennig, koste es, was es wolle.«

»Warum fliegt die denn nicht?«
»Sie wartet auf ihren Dienstwagen!«

Auch den Grundsatzreferenten hatte man eingespart. Nebst Blumen. Der erste Diskussionsredner legte kurz an, drückte ab und traf.

»Wer's Plenum ernst nimmt, handelt. Runter von den Schulden, rauf auf den Gewinn.«

Der zweite Diskussionsredner wiederholte den ersten.

Der dritte ergänzte dahingehend, daß er schnell gehen müsse.

Der nächste erwies sich leider als die große Konferenz-Bremse. Er stellte die Frage: »Wie?«

Man trat in eine Pause ein.

In dieser Pause wurde es erfunden. Das neue Prinzip. Der Erfinder schritt zum Pult, sprach frei und ohne Stocken. »Kolleginnen, Kollegen! Wir sind hier versammelt. Und das ist gut so. Der bisherige Konferenzverlauf hat es gezeigt. Jeder von uns bringt dem Staat keinen Gewinn. Die Ursachen aber liegen tiefer.« Gemurmel.

»Wir verkaufen einen Agromaten. Der Verkaufspreis liegt aber unter den Herstellungskosten. Kann ich den Verkaufspreis erhöhen? – Nein! Kann ich die Herstellungskosten senken? Kaum! Und es wäre überdies der Weg des geringsten Widerstandes. Und hier liegen unsere Reserven. Die Spanne zwischen Herstellungskosten und Verkaufspreis ist unser Verlust. Wir aber machen sie zum Gewinn.«

Staunen.

»Wir stornieren die Verträge mit der LPG.«
Zaghafter Applaus.
»Und stellen die Agromaten-Produktion ein.«
Applaus.
»Denn eingesparter Verlust ist doppelter Gewinn.«
Donnernder Applaus.
Anfrage an den Redner: »Soll die LPG die Produktion auch ein-
stellen?«
»Nein, Sie arbeitet ja mit Gewinn. Und eingesparter Gewinn
wäre doppelter Verlust.«
Einwand: »Ohne den Agromaten kann die LPG ihren Plan aber
nicht erfüllen.«
»Da muß die LPG sich endlich mal Gedanken machen. Ich fasse
also zusammen: Weil unsere Herstellungskosten über dem Ver-
kaufspreis liegen, arbeiten wir mit Verlust. Nun stoppen wir die
Produktion und sparen dadurch den Verlust ein. Was man ein-
spart, ist Gewinn, Kollegen.«
Knisternde Spannung.
»Und dieser Gewinn ist unsere entscheidende Reserve. Dieser
Gewinn muß so eingesetzt werden, daß für den Betrieb ein
Höchstmaß an Effektivität herausspringt. Und darum, Kolle-
gen ...« Atemlose Stille.
»... muß er optimal aufgeschlüsselt werden.«
Zwischenruf:
»Auf welche Fonds?«
»Wieso Fonds? Als Prämie!«

Plötzlich und unerwartet

Wird erledigt, sprach die Eintagsfliege,
rührte keinen Finger und kein Glied;
komm'se morgen, sprach sie, flog die letzte Biege
und verschied.

Ernst Röhl

Vor der Nervenkli-
nik hat ein Auto
Panne. Der Fahrer
versucht alles mög-
liche, nichts funk-
tioniert. Auf der
Mauer der Klinik
sitzt ein Patient.
»Versuchen Sie es
doch mal mit den
Zündkerzen«, sagt
er zu dem Mann.
Und tatsächlich,
das Auto ist wieder
fahrtüchig. »Sie
sind aber ein pfiffi-
ges Kerlchen«, be-
dankt sich der
Mann. »Warum sind
Sie denn in der
Nervenklinik?«
»Ich wollte abhau-
en«, sagt der Pa-
tient.
Der Mann wundert
sich: »Aber da
kommt man doch
nicht in eine Ner-
venklinik!«
Drauf der Patient:
»Ich wollte in die
Sowjetunion abhau-
en!«

Zeittafel

1971

Ulrich Plenzdorf

1. Januar	Die dritte Volkszählung der DDR ergibt 17 053 699 Einwohner.
8. Januar	Das Institut für Museumswesen wird gegründet.
14. Januar	DEFA-Filmpremiere »Kennen Sie Urban?« nach einem Drehbuch von Ulrich Plenzdorf.
21. Januar	Zehn Mitglieder und drei Kandidaten des Politbüros der SED schreiben einen Beschwerdebrief über Walter Ulbricht an Leonid Breshnew.
31. Januar	Der seit 1952 unterbrochene Telefonverkehr zwischen Ost- und West-Berlin wird wieder aufgenommen.
1. Februar	Preissenkung für rund 1800 Artikel aus dem Bereich Industrie- und Textilwaren.
10. Februar	Premiere der umstrittenen »Räuber«-Inszenierung von Karge/Langhoff an der Volksbühne: Die Räuberbande in der Haltung der 68er.
20./21. Februar	Sieg für Ruth Schleiermacher im Sprintmehrkampf bei den Eisschnellauf-WM in Inzell.
24./25. Februar	Briefwechsel zwischen Willi Stoph und dem Regierenden Bürgermeister von Berlin, Klaus Schütz, über Aufnahme von Verhandlungen.
5.-7. März	Dieter Speer erkämpft Weltmeister-Titel über 20 km im Biathlon in Hämeenlinna.
16. März	Chile nimmt diplomatische Beziehungen zur DDR auf.
25. März	Premiere des DEFA-Films »KLK an PTX – Die Rote Kapelle«. Buch Wera und Klaus Küchenmeister, Hauptdarsteller: Horst Drinda, Irma Münch, Klaus Piontek, Horst Schulze, Jutta Wachowiak, Barbara Adolph.
25./26. März	Kongreß des Bundes der Architekten der DDR; Edmund Collein wird erneut zum Präsidenten gewählt.
28. März	DEFA-Märchenfilmpremiere »Dornröschen« mit Juliane Korén in der Titelrolle.
31. März - 9. April	Auf dem XXIV. Parteitag der KPdSU in Moskau werden die Weichen für einen baldigen Machtwechsel in der DDR gestellt.

Horst Schulze

| 3. Mai | Walter Ulbricht erklärt seinen Rücktritt aus Altersgründen. Erich Honecker wird zum 1. Sekretär des ZK der SED gewählt. |

Helene Weigel

> Was steht im Jahre 2010 im Lexikon unter Ulbricht, Walter?
> Sächsischer Mundartsprecher zu Zeiten des großen Mao.

6. Mai	Die Schauspielerin Helene Weigel stirbt in Berlin.
7. Mai	Das Gesangsduo Dagmar Frederic/Siegfried Uhlenbrock erhält den Kunstpreis.
18. Mai	Honeckers erste Auslandsreise als Erster Sekretär des ZK führt nach Moskau.
19.-23. Mai	Zwei Goldmedaillen bei den Europameisterschaften im Judo in Göteborg, Rudolf Hendel (Halbmittelgewicht), Helmut Howiller (Halbschwergewicht).
30. Mai	Erstmals findet in Dresden ein Dixieland-Festival statt, veranstaltet vom Rundfunk der DDR. Von nun an steht dieses Ereignis jährlich im Programm.
4. Juni	Das 5-Sterne-Hotel »Neptun« im Ostseebad Warnemünde mit 337 Zimmern eröffnet.
11.-19. Juni	Ulrich Beyer (Halbweltergewicht) erkämpft bei der Europameisterschaft im Boxen in Madrid den Europameister-Titel.
15.-19. Juni	Auf dem VIII. Parteitag der SED wird der neue ökonomische Schwerpunkt auf die »Einheit von Wirtschafts- und Sozialpolitik« gelegt. Sozialismus und Kommunismus werden als zwei Phasen einer einheitlichen Gesellschaftsformation mit fließendem Übergang betrachtet. Der Neu- und Ausbau von 500 000 Wohnungen wird beschlossen. Leonid Breshnew ist Gast des Parteitags.
24. Juni	Die Volkskammer wählt Erich Honecker als Nachfolger Walter Ulbrichts zum Vorsitzenden des Nationalen Verteidigungsrates der DDR.
26. Juni	DEFA-Indianerfilmpremiere »Osceola«.
27. Juni	Die neue Krimiserie, »Polizeiruf 110«, startet mit dem Film »Der Fall Lisa Murnau«. Das DDR-Fernsehen produziert insgesamt 153 Folgen.
1. Juli	Die BRD wird postalisch Ausland, was die Telefongebühren erhöht.

> Ein parteiloses Huhn verpflichtet sich in einer Versammlung der Hühner: »Zu Ehren des VIII. Parteitages lege ich jetzt nur noch Eier der Sorte AA!«
> Krähende Zustimmung, verlegenes Scharren mit gesenkten Köpfen und drohendes Gackern. »Ich bin doch nicht blöde«, gackert ein Huhn, »ich reiße mir doch für zwei Pfennig mehr nicht den Arsch auf!«

> Warum kleben die Ulbricht-Briefmarken immer so schlecht?
> Die Leute spucken auf die falsche Seite.

3. Juli	Die neue Elbbrücke, die erste nach 1945 völlig neu gebaute Dresdner Brücke, wird eingeweiht.
7. Juli	Der Ministerrat beschließt die Auflösung des »Staatssekretariats für westdeutsche Fragen«, das zur »Verständigung zwischen beiden deutschen Staaten« beitragen sollte. Joachim Herrmann, der das Staatssekretariat leitete, wird Chef der Zeitung »Neues Deutschland«.
31. Juli	Karin Balzer läuft über 100 m Hürden Weltrekord in Berlin.
7. August	Die im Rat für gegenseitige Wirtschaftshilfe zusammengeschlossenen acht sozialistischen Länder beschließen die Einführung einer kollektiven Währung, die auf dem russischen Rubel basiert. Damit soll der multilaterale Handel innerhalb des RGW verbessert werden.

> »Welcher Unterschied besteht zwischen einem BH und dem Volkswirtschaftsplan?«
> »Ein gewaltiger: Der BH ist für die Brust, der Volkswirtschaftsplan für den Arsch.«

> Anfrage an den Sender Jerewan: Reicht eine Wasserstoffbombe aus, um die DDR-Wirtschaft lahmzulegen?
> Antwort: Im Prinzip ja. Aber warum so aufwendig? Fünfzehn Grad Frost haben den gleichen Effekt.

12.-15. August	Bei den Europameisterschaften der Frauen im Rudern erringt Anita Kuhlke die Goldmedaille im Einer in Kopenhagen.
28.-29. August	Die DDR-Schwimmerinnen gewinnen den Europapokal beim Finale in Bratislava.
3. September	UdSSR, USA, Frankreich und Großbritannien unterzeichnen das Vierseitige Abkommen über Westberlin, das den Status quo sichert.
3. September	Filmpremiere: Heidemarie Wenzel und Winfried Glatzeder als Liebespaar in »Zeit der Störche«.
3./4. September	Weltrekorde in Leipzig durch Roland Matthes über 200 m und 100 m Rücken.
9.-17. September	Tage der Slowakischen Kultur in der DDR.
16. September	Der aufwendig inszenierte historische Film »Goya«, Regie Konrad Wolf, kommt als Co-Produktion der DEFA mit der UdSSR in die Kinos. Hauptdarsteller: der litauische Schauspieler Donatas Banionis.
18.-20. September	Freundschaftsbesuch einer Partei- und Regierungsdelegation in Polen. Beschluß über visafreien Verkehr zwischen beiden Staaten.
9. Oktober	In Karl-Marx-Stadt wird das Marx-Denkmal von Lew Kerbel enthüllt; der Bronzekopf ist 42 Tonnen schwer.

Donatas Banionis

Lew Kerbel

| 21. Oktober | Ministerrat beschließt Förderung des privaten Wohnungs-baus für Arbeiter und Kinderreiche ab 1972. |

14. November   Wahlen zur 6. Volkskammer.

15. November   Der ehemalige Deutschlandsender und die »Berliner Welle« werden zusammengefaßt und nehmen unter dem Namen »Stimme der DDR« ihre Sendetätigkeit auf.

18. November   Ein Preisstop für Konsumgüter und Dienstleistungen bis 1975 wird verkündet.

> Warum kostet in der Bundesrepublik ein Fahrschein 2 Mark und in der DDR 20 Pfennig?
> Weil du in der DDR zehnmal fahren mußt, um etwas zu besorgen.

26. November   Die Volkskammer wählt Walter Ulbricht erneut zum Vorsitzenden des Staatsrates, Willi Stoph zum Ministerratsvorsitzenden und Erich Honecker zum Vorsitzenden des Verteidigungsrates.

11.-19. Dezember Die Frauen-Nationalmannschaft gewinnt die Weltmeisterschaft im Hallenhandball gegen Jugoslawien.

17. Dezember   Unterzeichnung eines Transitabkommens zwischen beiden deutschen Staaten, drei Tage später Regelungen über den Besucherverkehr zwischen Ost- und Westberlin.

20. Dezember   Die Volkskammer beschließt Gesetz über den Fünfjahrplan 1971-1975.

1971 verlassen 17 408 DDR-Bürger das Land.

Oberliga-Plazierung 1971

1. SG Dynamo Dresden
2. FC Carl Zeiss Jena
3. Hallescher FC Chemie
4. 1. FC Magdeburg
5. 1. FC Union Berlin
6. Sachsenring Zwickau
7. FC Vorwärts Berlin
8. FC Hansa Rostock
9. BFC Dynamo
10. 1. FC Lok Leipzig
11. Wismut Aue
12. Stahl Riesa
13. FC Rot-Weiß Erfurt
14. Chemie Leipzig

Sportler des Jahres:
Karin Balzer (Leichathletik)
Roland Matthes (Schwimmen)
Die 4 x 400-m-Staffel der Frauen (Rita Kühne, Ingelore Lohse, Helga Seidler, Monika Zehrt)

Torschützenkönig der Oberliga:
Hans-Jürgen Kreische von der SG Dynamo Dresden mit 17 Treffern

Fernsehlieblinge:
Karl-Heinz Gerstner
Angelica Domröse
Frank Schöbel
Heinz Florian Oertel
Fuchs und Elster
Erika Radtke

neue Bücher:
Werner Heiduczek »Mark Aurel oder ein Semester Zärtlichkeit«
Karl-Heinz Jakobs »Eine Pyramide für mich«
Fred Wander »Der siebente Brunnen«
Günter Görlich »Den Wolken ein Stück näher«
Joachim Nowotny »Sonntag unter Leuten«

große Hits:
»Wie ein Stern«
Frank Schöbel
»Jedes junge Mädchen«
Chris Doerk
»Aus und vorbei«
Panta Rhei
»Türen öffnen sich zur Stadt«
Puhdys
»Wer die Rose ehrt«
Klaus Renft Combo
»Schau mir ins Gesicht«
Andreas Holm

1972

»Wenn aus einem Tatra drei höhere Funktionäre steigen, was bedeutet das?«
»Das bedeutet, daß zwei Tatras in der Reparatur sind.«

Renate Holland-Moritz

Willi Sitte

1. Januar	Der paß- und visafreie Verkehr mit Polen wird eingeführt.
6. Januar	Vor Soldaten auf der Insel Rügen bezeichnet Honecker die Bundesrepublik erstmals als Ausland.
9. Januar	Erste Sendung Tele-Lotto: Von nun an jeden Sonntag von 19 bis 19.25 Uhr bis zum 30.9.1992.
13. Januar	DEFA-Filmpremiere »Trotz alledem!«, die Fortsetzung von Günter Reischs erstem Liebknecht-Film, »Solange Leben in mir ist.«
15. Januar	Die Paß- und Visafreiheit für DDR-Bürger im Verkehr mit der Tschechoslowakei wird eingeführt.
29. Januar	Die erste Folge der neuen Fernseh-Unterhaltungssendung »Ein Kessel Buntes« wird aus dem Friedrichstadtpalast übertragen.
3.-13. Februar	Olympische Winterspiele in Sapporo, Japan. Mit 14 Medaillen steht die DDR hinter der UdSSR auf Rang 2 im Medaillenspiegel. Ulrich Wehling gewinnt die Goldmedaille in der Nordischen Kombination und wird auch 1976 und 1980 Olympiasieger.
3. Februar	Erster Auftritt der Berliner Rockband »City« im Artur-Becker-Club Köpenick.
10. Februar	DEFA-Filmpremiere »Der Mann der nach Oma kam« nach Renate Holland-Moritz, Regie Roland Oehme, mit Winfried Glatzeder. Das Lustspiel wird der Kino-Hit des Jahres.
11. Februar	Der »Deutsche Fernsehfunk« wird in »Fernsehen der DDR« umbenannt.
15. Februar	Ausstellung mit Werken von Willi Sitte im Alten Museum Berlin eröffnet.

Lieber vom Leben gezeichnet als von Sitte gemalt.

4. März	Erstmals wird die Sendung »Mit Lutz und Liebe« mit Lutz Jahoda ausgestrahlt.
9. März	Das »Gesetz über die Schwangerschaftsunterbrechung« wird in der Volkskammer mit vierzehn Gegenstimmen und acht Enthaltungen angenommen. Damit wird in der Volkskammer erstmals das Prinzip der Einstimmigkeit durchbrochen.
11. März	Die Uraufführung von Heiner Müllers »Macbeth« in Brandenburg löst in Zeitschriften Kontroversen über den Umgang mit klassischen Texten aus.

16. März	DEFA-Filmpremiere »Der Dritte«, Regie Egon Günther, nach einem Roman von Eberhard Panitz, mit Rolf Ludwig und Jutta Hoffmann, die für ihre Rolle den Darstellerpreis in Venedig erhält.
17. März	200. Veranstaltung der Lauf-Dich-gesund-Bewegung im Küchwald in Karl-Marx-Stadt.
22. März	Erste Fernsehsendung der Rechts-Ratgeberreihe »Fragen Sie Professor Kaul«.
24. März	Eröffnung des ersten sozialistischen Armee-Museums »Friedrich Engels« in Dresden.

Jutta Hoffmann

11. April	Außenminister Otto Winzer unterzeichnet in Moskau eine Konvention über das Verbot bakteriologischer und toxischer Waffen.
24./25. April	Eine Tanzmusikkonferenz rehabilitiert Jazz und Beat, man wolle nicht darauf verzichten, nur weil sie die imperialistische Massenkultur zur Profitmaximierung mißbrauche.
28. April	Beschluß über sozialpolitische Maßnahmen (1000 Mark bei Geburt eines Kindes, 5000 Mark zinsloser Ehekredit).

> Erich läuft über den Alexanderplatz und sieht einen kleinen Jungen bitterlich weinen.
> Erich: »Was hast du denn mein Junge?«
> Der Junge: »Ach Erich, ich bin aufs Knie gefallen und habe mir meine Hose kaputtgemacht«.
> Darauf Erich: »Komm, wir gehen rüber ins Centrum Warenhaus, und ich kaufe dir eine neue Hose, wenn du mir versprichst, mit achtzehn Jahren in die SED einzutreten.«
> Darauf der Junge: »Aber Erich, ich bin aufs Knie gefallen, nich auf'n Kopp.«

18. Mai	Seit Beginn des Jahres werden die noch rund 11000 privaten Betriebe in Volkseigentum überführt. Die Verstaatlichung wird für abgeschlossen erklärt.
18. Mai	Uraufführung des Stückes »Die neuen Leiden des jungen W.« von Ulrich Plenzdorf in Halle. Das moderne Drama nach Goethes »Die Leiden des jungen Werthers« erfaßt die Sprache, Mentalität und Konflikte junger Menschen in der DDR.
26. Mai	Die Staatssekretäre Egon Bahr und Michael Kohl unterzeichnen in Ost-Berlin einen Verkehrsvertrag zwischen der Bundesrepublik und der DDR.
6. Juni	Kunstpreis der DDR für Chris Doerk, Frank Schöbel und Thomas Natschinski.
15. Juni	Weltrekord von Annelie Ehrhardt über 100 m Hürden.

> »Wenn Sie einen Wunsch frei hätten, was würden Sie sich wünschen?«
> »Ein Auge am Zeigefinger meiner rechten Hand.«
> »Ein seltsamer Wunsch, können Sie den erklären?«
> »Gern. Hätte ich ein Auge am Finger, dann könnte ich nämlich immer mit dem Finger hinter den Ladentisch zeigen und sagen: Davon hätte ich gern was ... und davon ... und davon ...«

Karin Janz

| 18. Juni | Die erste Sendung von »Außenseiter – Spitzenreiter« wird ausgestrahlt. |

»Ist der Geschlechtsverkehr ein Vergnügen oder Arbeit?«
»Logischerweise ein Vergnügen. Wenn es Arbeit wäre, würde im Fernsehen darüber berichtet werden.«

1. Juli	Auch in diesem Jahr gibt es einen neuen Indianerfilm: »Tecumseh« hat Premiere.
24. Juli	Zum ersten Mal werden Ferngespräche von West-Berlin in die DDR im Selbstwählferngesprächsdienst möglich.
5.-20. August	In Tahlequah (USA) erringt Barbara Karkoschka den Weltmeister-Titel im Fallschirmsport.
26. August-10. September 1972	XX. Olympische Sommerspiele in München. Die Medaillenbilanz der DDR: 20mal Gold und je 23mal Silber und Bronze. Gold für Karin Janz am Stufenbarren.

»Hast du schon gehört, in der NVA wird ein Gebirgsjägerregiment aufgebaut.«
»Das ist doch in unserem flachen Land nun wirklich nicht nötig. Was sollen die denn machen?«
»Die sollen die Engpässe bewachen.«

10. September	Angela Davis kommt nach Berlin. Die Kommunistin war 1970 in den USA unter dubiose Mordanklage gestellt worden. Die FDJ organisierte eine ihrer größten Kampagnen: »Freiheit für Angela Davis.«
15. September	Die Fähre »Rügen« wird auf der Route Saßnitz–Trelleborg eingesetzt.
21. September	Ein DEFA-Science-Fiction-Film hat Premiere: »Eolomea.«
28. September	Horst Seemanns Gegenwartsfilm über einen Baubrigadier, »Reife Kirschen«, kommt in die Kinos.
2. Oktober	Einweihung des Universitätshochhauses im Jenaer Zentrum, das neue Wahrzeichen der Stadt.
6. Oktober	Eröffnung der VII. DDR-Kunstausstellung in Dresden, die 2000 Exponate von etwa 1000 Künstlern zeigt und rund 700 000 Besucher hat.
6. Oktober	Der Staatsrat beschließt eine Amnestie.
7. Oktober	Die Schauspieler Jutta Hoffmann und Armin Mueller-Stahl erhalten den Nationalpreis.
16. Oktober	DDR-Bürgern, die vor dem 1. Januar 1972 die DDR verließen, wird die DDR-Staatsbürgerschaft aberkannt. Sie werden strafrechtlich nicht mehr verfolgt.

Horst Seemann

Was ist eine Eidechse?
Ein Krokodil nach einem Parteiverfahren.

21.-28. Oktober Die FDJ organisiert die 1. Werkstattwoche der Jugendtanzmusik, die fortan alle zwei Jahre als Leistungsschau und Wettbewerb die Amateurrockszene der DDR präsentiert.

22. Oktober Junioren-Europapokal im Gehen für Karl-Heinz Stadtmüller und die DDR-Mannschaft in Lugano (Italien).

12. November Der Film »Die große Reise der Agathe Schweigert« mit Helga Göring in der Hauptrolle läuft im Fernsehen.

21. November Die DDR wird in die UNESCO aufgenommen.

27. November Polnische Bürger dürfen nur noch 200 Mark umtauschen. Der mit dem visafreien Verkehr einsetzende Einkaufs-Tourismus hat zu Engpässen geführt.

21. Dezember Bundesminister Egon Bahr und DDR-Staatssekretär Michael Kohl unterzeichnen den Grundlagenvertrag: Anerkennung der Vier-Mächte-Verantwortung, die Unverletzlichkeit der Grenzen, die Beschränkung der Hoheitsgewalt auf das jeweilige Staatsgebiet, der Austausch »ständiger Vertreter«, die Beibehaltung des innerdeutschen Handels und der Antrag beider Staaten auf Aufnahme in die UNO festgeschrieben.

31. Dezember Die DDR unterhält jetzt diplomatische Beziehungen mit 56 Staaten.

1972 verlassen 17 174 DDR-Bürger das Land.

Oberliga-Plazierung 1972

1. 1. FC Magdeburg
2. BFC Dynamo
3. SG Dynamo Dresden
4. FC Carl Zeiss Jena
5. FC Vorwärts Frankfurt/O.
6. Hallescher FC Chemie
7. Sachsenring Zwickau
8. 1. FC Lok Leipzig
9. FC Hansa Rostock
10. Wismut Aue
11. 1. FC Union Berlin
12. FC Karl-Marx-Stadt
13. Stahl Riesa
14. Vorwärts Stralsund

Sportler des Jahres:

Karin Janz (Turnen)

Wolfgang Nordwig (Leichtathletik)

Die 4 x 400-m-Staffel der Frauen (Dagmar Käsling, Rita Kühne, Helga Seidler, Monika Zehrt)

Torschützenkönig der Oberliga:

Hans-Jürgen Kreische von der SG Dynamo Dresden mit 14 Treffern

Fernsehlieblinge:

1972 und 1973 werden die Fernsehlieblinge auf Leserumfrage der »FF-dabei« ermittelt. Die Spitzenreiter von 1972 gehen in die Wahl 1973 ein und werden nicht extra ausgewiesen.

neue Bücher:

Volker Braun »Die Kipper«

Günter de Bruyn »Preisverleihung«

Stefan Heym »Der König David Bericht«

Hermann Kant »Das Impressum«

Eberhard Panitz »Die sieben Affären der Doña Juanita«

Irmtraud Morgner »Die wundersamen Reisen Gustavs des Weltfahrers«

große Hits:

»Geh dem Wind nicht aus dem Wege« Puhdys

»Es war doch nicht das erste Mal« Reinhard Lakomy

»Gold in deinen Augen« Frank Schöbel

»Yvetta« Jiri Korn

»Soll das alles sein« Wolfgang Ziegler und Gruppe Wir

»Cäsars Blues« Klaus Renft Combo

Nachweise

Die Karikaturen stammen von
Heinz Behling: 10, 12, 20, 72, 75, 86
Manfred Bofinger: 30, 38, 40, 44, 81, 101
Henry Büttner: 66, 80, 98, 106
Peter Dittrich: 14, 42, 115
Barbara Henniger: 29 (2), 40, 55, 94, 95, 105
Harald Kretzschmar: 89, 120, 121, 122, 124, 125, 126
Lothar Otto: 29, 40, 51, 55, 71, 103
Harri Parschau: 8, 22, 53, 55, 69, 88(2), 97 (2)
Louis Rauwolf: 64
Horst Schrade: 24, 63, 69 (2), 84, 88, 91
Karl Schrader: 13, 15, 17, 33, 36, 48, 74, 76, 100, 115, 117

Fotos:
DEFA-Stiftung/Rudolf Meister: 57, 59
Klaus Winkler: 26, 27, 28

Für die freundliche Genehmigung zum Abdruck danken wir den Autoren, Zeichnern und Erben. Nicht in allen Fällen ist es uns gelungen, Rechteinhaber und Rechtsnachfolger zu ermitteln. Berechtigte Honoraransprüche bleiben gewahrt.

ISBN 978-3-359-02239-8

© 2009 Eulenspiegel Verlag, Berlin
Umschlaggestaltung: Buchgut, Berlin, unter Verwendung eines Motivs von ullstein bild – Döring
Druck und Bindung: Salzland Druck, Staßfurt

Ein Verlagsverzeichnis schicken wir Ihnen gern:
Eulenspiegel · Das Neue Berlin Verlagsgesellschaft mbH & Co. KG
Neue Grünstr. 18, 10179 Berlin
Tel. 01805/30 99 99
(0,14 €/Min., Mobil abweichend)

Die Bücher des Eulenspiegel Verlags
erscheinen in der Eulenspiegel Verlagsgruppe.
www.eulenspiegel-verlag.de